DAS HALLESCHE HEILTUMBUCH VON 1520

Herausgegeben in Zusammenarbeit mit dem
Landesheimatbund Sachsen-Anhalt e.V.

DAS HALLESCHE HEILTUMBUCH VON 1520

NACHDRUCK ZUM
450. GRÜNDUNGSJUBILÄUM DER
MARIENBIBLIOTHEK ZU HALLE

HERAUSGEGEBEN UND
MIT EINEM NACHWORT VERSEHEN VON
HEINRICH L. NICKEL

VERLAG JANOS STEKOVICS
HALLE AN DER SAALE, 2001

Diese Publikation wurde mit freundlicher Unterstützung der Lotto-Toto GmbH Sachsen-Anhalt und der Stiftung Mitteldeutscher Kulturrat, Bonn gedruckt.

Herausgeber und Verlag danken der Marienbibliothek zu Halle.

Die Deutsche Bibliothek - CIP-Einheitsaufnahme

Das Hallesche Heiltumbuch von 1520. - Nachdr. zum 450. Gründungsjubiläum der Marienbibliothek zu Halle / hrsg. und mit einem Nachw. versehen von Heinrich L. Nickel. [Hrsg. in Zusammenarbeit mit dem Landesheimatbund Sachsen-Anhalt e.V.]. - Halle an der Saale : Stekovics, 2001
ISBN 3-932863-44-5

Herausgegeben in Zusammenarbeit mit dem Landesheimatbund Sachsen-Anhalt e.V.

Abbildung auf dem Schutzumschlag: Hallesches Heiltumbuch 36r
Alle Aufnahmen bzw. Reproduktionen aus eigenem Archiv: Heinrich L. Nickel
Satz & Layout: Janos Stekovics

ISBN 3-932863-44-5

Verzeichnus und zeigung des hochlob wirdigen heiligthumbs der Stifftkirchen der heiligen Sanct Moritz und Marien Magdalenen zu Halle.

ALBERTVS·MI·DI·SA·SANC·
ROMANAE·ECCLAE·TI·SAN·
CHRYSOGONI·PBR·CARDINA·
MAGVN·AC·MAGDE·ARCHI·
EPS·ELECTOR·IMPE·PRIMAS
ADMINI·HALBER·MARCHI·
BRANDENBVRGENSIS
SIC OCVLOS SIC ILLE GENAS SIC
ORA FEREBAT
ANNO ETATIS SVE XXIX
M·D·XIX·

Zu wissen kunt vnd offembar sey al
len Christglaubigen / was wesens / wirde / odder standes die
seint / Das hinfurder zu ewigen zeiten / eines itzlichen Jares /
Sontags nach dem fest / der vnbefleckten allergebendeigsten
Gots gebererin vnd Jungfrawen Marien geburdt / in der löb
lichen Stadt Halle / Magdeburger Bisthumbs / vnd doselbst
in der newen auffgerichten Stifftkirchen / wirdet das fest / der
einfuhrūg des merglichen hochwirdigen heilgthumbs / so dor
innen / nicht sunder andacht / wirglich vorsamelt / vñ mit gul /
den / silbern / auch andern hochgeschetzten Cleinothñ vbertzir /
lich geschmuckt ist / vnd Montags dornachfolgende / ein eher
liche andechtige vñ heilbare Station / mit zceigunge desselbti /
gen hochwirdigen heiligthumbs stuckweiße / gehalten werdē /
Zcu welchem heiligthum semptlich vñ yden partickel in sun /
derheit / Alle den Jhenigen ßo es zcu vordienen geschickt / vnd
sich deßhalb / an gedachte stelle wenden / disses heilgihumbs
vorkundigen vñ zceigen / mit Innigen hertzē anhören vñ sehen
Jre gebet gegen gott dem almechtigen sprechen / vnd zcu ange /
zeigthem Stifft / yre almusen reichen werden / vbertreffentlich
er Ablaß vō itzt regirendem Bebstlicher heilickeit / Babst Leo
ni / vilen Cardinelen / Ertzbischouen / vñ Bischouen / zcu erle /
digung vñ abwaschung der sunde / Sich in einer Summe zcu
einem itzlichē partickel auff. iiij. tausent Jar. iij. tausent hūdert
vñ. xl. tag vñ. viij. hundert quadragenen erstreckende. Auch zu
auffrichtūg / eines gnadreichen Creutzes vñ Jubel Jars / mit
vorordenūg etzlicher Beichtiger / die Christglaubiges volgk /
beichthören / vnd sie von yren sunden / beschwerden / pein vnd
schult entwinden / vñ erledigen mogen. gantzer zcehe tage vber
volkomlicher bebstlicher gewalt / Auch setzung einer loblichñ
Bruderschafft des heiligen Bischoffs vnd grossen merterers
sancti Erasmi / mit vilen heilbaren freiheiten vō Bebstlicher
heilickeit / lauts der selbtigen / auch der Cardinall Ertzbischoff
lichen vnd Bischofflichen Bullen / daruber voltzogen / mil /
tiklich

tiklich vorlihen vñ gegeben ist. Domit nun ein itzlicher christgleubiger/dissen merglichen vñ grossen Selen schatz/liederlicher erobern/vñ sich zcu erlangunge desselbtigen fuglich vñ fruchtbarlicher schicken möge/ Ist hochbemelts groswirdiges heiligthum vnd desselbtigen Cleynott/eigentlich vnnd stuckeweiße wie folgt vorzeichnet.

Der erste gang In

welchē antzeigt wirt vō den lieben heiligen welcher heiligthumb vermenget durch einander leyt/auch welcher namen verbliche vñ vnleselich sein. Des gleichen vom heiligen land/von Agnus dei vnd was gewonlich Bebstliche heilickeyt Jerlich benedicirt vñ hinwegk gibt.

Erstlich wirt hie getzeiget ein gantz guldene Rose die babst Leo der tzehend vn/serm gnedigsten herrn dem Cardinal zcu bsunder Ere dieser löblichē Stifftkirch/en gegebē vñ geschickt hat.

Zcum andern Ein sil/bern vergulth benedicirt schwert/welchs gnanter babst Leo Keiser Maximi/lian seliger gedechtnus ge geben. Welcher Keiser for der solch schwert vnserm gnedigsten herrn in annhe mung des Cardinalats voreret.

Summa.j.partickel.

Zcum dritten/Ein vergulter ſarch mit helffen beynen bil den / Dorinne ſein ſiebentzehen groſſer rören / Ein rieb/ Drey groſſe ſtuck võ kynbacken/vnd.xxviij.ander partickel/welch er namen fur alders verblichen. Summa.xix.partickel.

Zcum vier den/Ein helf/ fenbeynẽ ſerch len / Darinne werden enthal ten ſiebenhalb hũdert Agnus dei vnd eins.

Sũma ſieben halbhundrt vnd eins.

Zum funfften
Ein silbern
vbergult ple
narium/ dar
Inne ist võ
heilige creutz
Von den ley
nen tuchern
des herrn Je
su. Vom gra
be marie. võ
s. Johãnes
dem tauffer.
Von s. Peter
dem apostell
Von s. An/
dreen Von s
Jacob dem
grössern. võ
sant Bartol
mes. Von s.
Jacob dem
kleinen. Von
s. Philippo.
Von s. Simon vnd Juda. Võ s. Barnaba. Von s. Matheo
dem zwelffpoten vñ ewangelisten. Von s. Marx dem Ewan/
gelisten. Von s. Lucas dem ewangelisten. Von s. Moritz. Võ
s. Exuperio. Von s. Victor. Von s. Gereon. Von s. Steffan
dem ersten mertrer. Von s Larentz. Von s. Alexandro vñ sant
Vital dtn zweyen brüdern. Von s. Oswald. Von s. Henrich.
Von den lieben heiligen Cassio vñ Pio. Von s. Georgen. Võ
s. Cristoffel. Von s. Theodoro. Von s. Eustachio vnd seinen
gesellen. Von s. Theodolo. Von s. Calixt babst vnd mertrer.
Vom heiligen Sixto babst vnd merttrer. Von s. Fabian. Võ
heiligen Ponciano. Von s. Blasio bischoff vnd mertrer. Võ

sant Eleutherio/Von s/Valerio/Võ s.Dionisio/Vo n s.Augustino bischoff/Vom heiligen babst Gregorio:Von s:Niclas.Vom heiligen Cuniberto bischoff.Von s.Leonhart.Võ sant Seruatius.Vom heiligen abt Benedicto.Vom heiligen Anthonio.Vom hei ligen Lasaro dem bruder der heiligẽ Marien Magdalenen.Von den.xi.tausent Junckfrawen.Von s.Simphorosa Jung frawen vñ merterynne.Von s.Felicitas.Von s.Clara.Von s.Kunegund.Von s.Madelberta.Võ s.Catharin Jungfrawe vñ merterynne.Von s.Agneta.Von s.Margaretha/Von s.Barbara.Von s:Juliana/Von s:Anastasia/Von s.pinnosa.

B i

Summa.lxxiiij.partickel.

Czum sechsten/ Ein silbern vbergult Plenariū mit dem gestrengen gerichte/ Dor Inne ist Vom agker Damasceno/ do vō got den mēschē erschaffen. Vom Berg Sinay funff partickel. Vom brennenden Busche Moisi. xxv. partickel. Vō der rutte Moisi. iiij. partickel. Vom stamme daruff die rute Aaron gewachsen. Von der stadt do Christus vber Jerusalē geweynet ij. partickel. Vom berge Thabor. ij. partickel/ Vom berge do

Christus gefast xl. tag ij. partickel/ Vom Olberg iij.partickel
Von der stawde dobey Christus geknyet/do er gefangē ward
Vom baume do under Christus gefangen/Vom stāme doran
Christꝰ ym garten gebunden/Vom gotßacker ij.partickel. Vō
berge Caluarie v.partickel/Vō Betpfage/ Vom tuch welchs
Christus ym grab vber dem antlitz gehabt/Vom heiligē grab
xij.partickel/Von der stadt do das heilig grab gefundē v.par
tickel/Vom Tale Josaphat.

Summa lxxv.partickel.

Zcum sie
bendē/Ein
silbern vber
gult plena/
riū mit ey/
nem helf/
fenbeynen
Crucifix/
Dor Jnne
ist Vom öl
berg/Vom
berg calua/
rie/ Vō der
stelle do cri
stus drey
mal gebet/
tet ij. par/
tickel Vom
heyl gen
Creutze
creutzweiß
figurirt iiij
partickel/
Von sanct
Lucas/Von sant Matheo.

Summa.x.partickel

Zum achtē
Ein ſilbern
vbergult
creutz mith
einem hohē
ronden fuß
vnd eynem
Criſtallenn
knopff/
Dor Innen
iſt vom hei
ligen creutz
Von ſanct
maria mag
dalena.
Von ſanct
Margare
ta.

Summa
iij.partickel

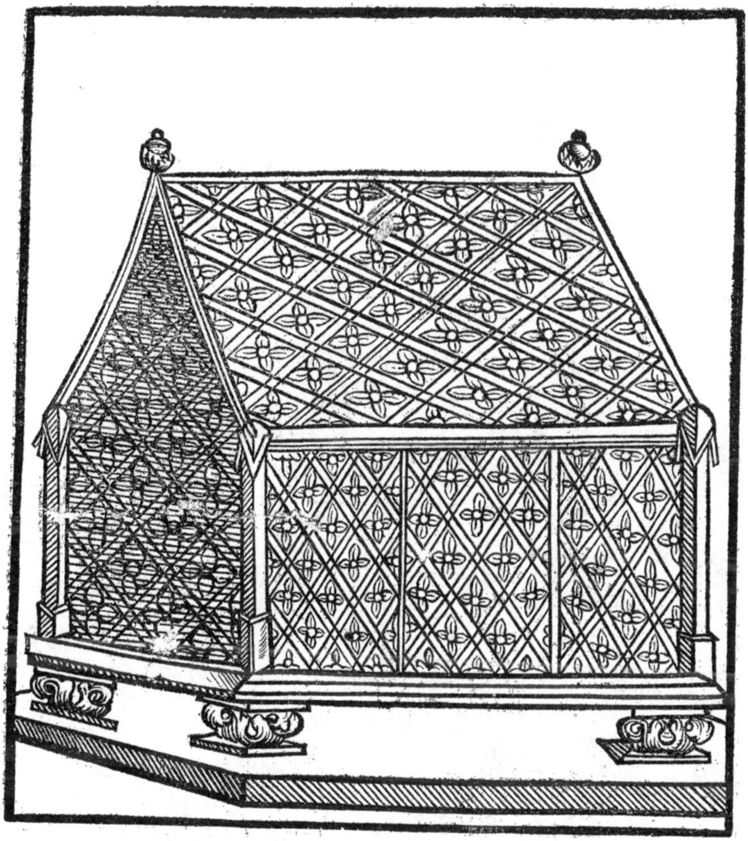

Czum neundē/Ein vbersilberter sarch Dor Inne ist heilg thumb/ welcher nhamen verblichen/In der zal.vij.hun/dert vnd.lxxxi.partickel. Dorüber vō heiligen der namen vormengt ligen.ccc.hundert vnd.xxxvij partickel. Von heiligen landen.lix.partickel. Agnus dei.lxvi.partickel.

Summa Tausent zweyhundert.xliij.partickel.

Biß

Zcum zehenden / Sant Annen bild Doꝛneben ſant Jo / hans ď tauffer ſteht / Doꝛ Jnnen iſt von der ſtadt do Jeſus geboꝛn iſt. Von der ſewle doꝛan Chriſtꝰ gegeyſchelt iſt. Von der ſtadt do Maria die Jungfraw gebo ren. Võ der ſtadt do ſanct Johannes der tauffer geboꝛn iſt.

Sũma. iiij. partickel.

Zcum eilfften Das silbern pacem vff eynem durchbrochnem fuß mit s. Georgen/ võ Berlen/ mutter vnd. iiij. steynen/ Dor Inne ist vom heyligen creutz Vom rock vnser liebñ frawen/ Von s. Johannes dem tauffer/ Võ rock Johannis des Ewangelisten/ Von sant Paul Von sant Bartholmes/ Võ s. Thoma Von s. Moritz/ Von s. Steffan/ Von s Christoffel. Võ s. Fabian/ Von sant Sebastian Võ s. Georgen/ Von s. Merten Võ s. Augustin Von s. Niclas/ Von s. Hieronymo/ Võ sant Catharina/ Von sant Margaretha/ Von sant Barbara/ Võ sant Appolonia/ Von sant Anna/ Von sant Elisabeth.

Summa. xxiij. partickel.

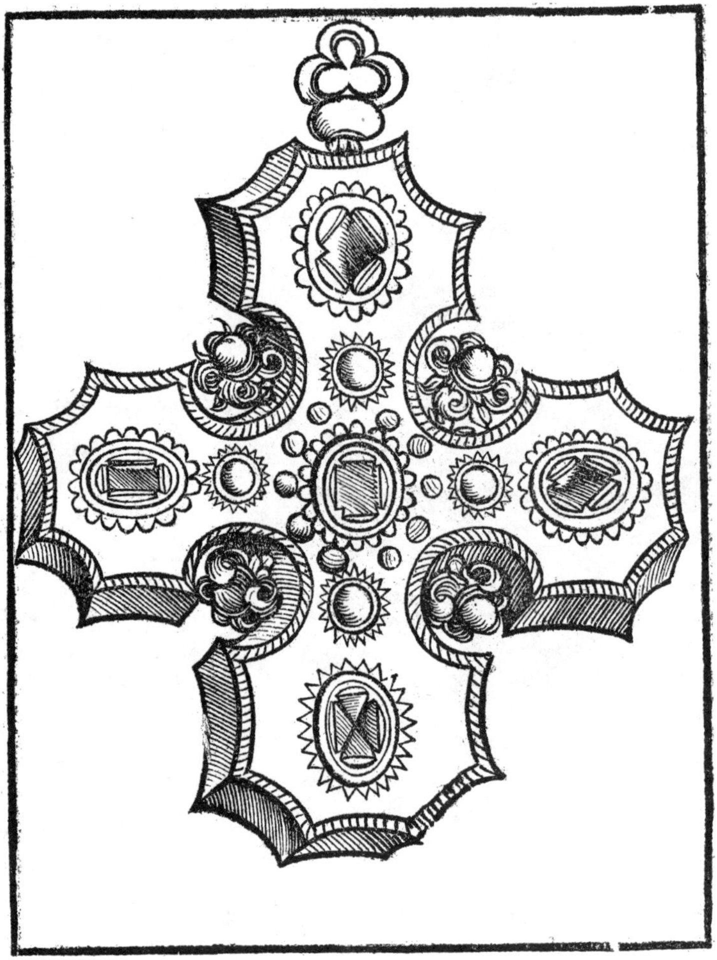

Czum czwelfften/Das silbern vbergulte creutz mit den grossen grünen steynen/ Dor Inne ist von der Armröre sanct Peters. Von s. Sebastian.

Summa.ij.partickel.

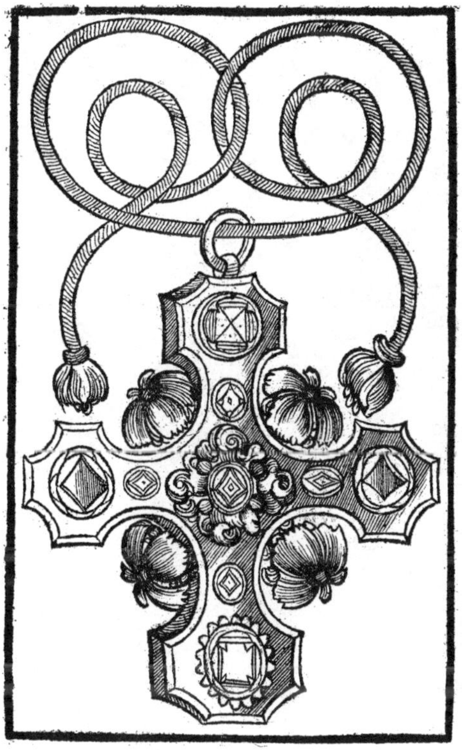

Zcum dreytzehenden das silbern weise creutz mit den funff steynen/ Dor Inne ist/ von s. Lorentz. Von s. Bonifa/tio dem merttrer/ vn̄ vō einem auß seinen gesel/lē. ij. partickel. Ein tzan von sant Appolonien. Vō den. xi. tausent Jūgfrawen. j. partickel.

Summa . vi. partickel.

Zcum viertzehenden/ In dem silbern gegitterten vbergulten Pacifical ist/ Von sant Maria Magdalen. Vom haupte sant Barbare. Von den. x. tausent rittern. Von s. Maximino. Vō s. Floriano. Von s. Clemente. Von der heiligen Jungfrawen Cordula. Von sant Victorino dem merterer. Von sant Johā nes dem tauffer. Vom zane sancti Pauli des apostels. Von

C

ſant Otilien. Von s.
Vincentio. Von ſant
Peter dē apoſtel. Vō
ſant Simon. Von s.
Juda. Von ſant Ni
clas. Von ſant Agne
ten. Von ſant Hiero/
nymo. Von ſant Eli
ſabeth. Von s. Steſ/
fan. Von ſant Catha
rina. Von den. xi. tau
ſent Jūgfrawen. Vō
ſant Auguſtin. Von
ſant Merten. Von s.
Appolonien zane.
Von s. Agatha. Von
ſant Policarpo.
Item .ij. ander par/
tickel/ ane nhamen.

Sūma. xxix. partickel

Czum. xvi.
Das bunte
helffenbey/
nen keſtlin/
Dorinne iſt
Vom heili/
gen land
lxxviij. par/
tickel.

Summa/
lxxviij. par/
tickel.

Zeum sechßtzehenden / Das clyne rond vbergulte silbern Pacem mit funff steynen vff einem durchbrochnem fusse / Dor Innne ist / Ein Agnus dei.

Summa. j. partickel.

Ccnm siebẽ zehendẽ/ Ein cristallen kōp/ pichen/ yn sil/ ber gefast obin mit eynem sil/ bern vbergul/ ten creutz vnn ser lieben fraw en vñ sant Jo hans bilden/ Dor Inne ist/ Von der erden der erfindung des heyligenn creutzes. Vom steyn dor Inne das creutz chri sti gestanden/ Vom hymelbrot/ Vom bawme der sich gegen Christo gneigt Vo m berge Caluarie.iij.partickel.

Summa.vij.partickel.

Zcum achtzehenden /
Ein silbern vergult rond pa
cificall mit eynem hoen fuß
vnd außgetzogen tabernakel
In der mitte sant Georgs
bild yn berlēmutter geschnit
ten/Dorynne ist Ein Agnus
dei / Von sant Catharinen
grab/Von sant Quirin/Vō
sant Lorentz/Von sant Bar
bara/ Vō sant Maria Mag
dalena.

Summa.vi.partickel.

Czum neantzehen/
den/Ein silbern cleinot
vñ vbergult gestalt wie
ein apffel Dor Inne sein
ix. partickel heilgthumb
fur alter vnleselich.

Summa.ix. partickel.

Czum zwentzigsten/
ein Cristallē geschmeltzt
glaß mancherley farben
mit zweyen silbern vber
gulten cronen Dor Inne
ist ein Agnus dei.

Summa.j.partickel.

Czum.xxi. die vbergulte taffel mit der passion vō perlenmutter Dor Inne sein vntzeliche partickel der heiligen ane namen.

Zcum zweyvndtzwentzigsten die grüne gemalte tafell/Dor ynne ist/Eine gantze röre vō der geselschafft sancti Bonifacij des ersten Ertzbischoffen zcu Meyntz. Von sant Constantio dem merterer.ij.groß partickel. Von sant Eustachio ein groß partickel/ Von sant Georgen ein groß par tickel: Eine röre vō den vierkgekrönten.

Summa.vi.partickel.

Zcum dreyvndtzwentzigsten die gröste rote gemalte tafell. Dor Inne ist/Ein Agnus dei/Von sant Augustin/Von sant Cornelio. Vō sant Gallen dem Abt/Von s. Niclas dem bisch off/Von dem brote das sant Clara gebenedeyte/Von sant Jo hannes dem babst/Von sant Clement dem babst vn̄ merterer Von.x.tausent rittern.ij.partickel/ Von sant barbara.ij.par/ tickel. Vō sant Jacob dem apostel. Von sant Adrian dem mer terer. Vom piret sancti Francisci. Vom berg Caluarie. Von s. Valentin. Von sant Johannes dem tauffer. Von sant Collo/ bana der Jungfrawen.ij.partickel. Von sant Humperto. Vō sant Agatha. Vō sant Wolffgang. Von sant Geruasius. Vō der stadt der berschafft Marie. Vō der krippen des herrn Jesu Von sant Georgen. Von sant Lorentz. Vō sant Elisabet. Vō sant Catharina. Von sant Felix. Von sant Cristoffel. Von s. Vrsula. Von sant Gregorio. Von sant Arsenio. Von s. Anna Von sant Maria Magdalena.ij.partickel. Von s. Onofero. Von sant Ignatio.ij.partickel. Von saut Marx dem ewan/ gelisten. Von sant Ciprian dem merterer. Von sant Achatio. Von sant Egidio. Von sant Vrban babst vnd merterer. Von sant Ruprecht. Von sant Hippolito. Von sant Dionisio. Vō sant Anastasio. Von sant Martio. Von sant Tiburtio merte rer. Vō sant Petronella Jungfrawen. Von s. Cristina Jung fraw vnd merterynne. Von sant Bernhardin. Von s. Bar/ tolmes. Von sant Thimotheo dem apostel. Jtē.xxviij.andere vngenante partickel.

D

Summa.lxxxvi.partickel

Zeium.xxiiij. Die taffel mit der erscheinung Marie gescheen nach der aufferstehung / Do: Innen sein sieben grosse Agnus dei / Von der geselschafft sancti Mauricij: ij. partickel / Von s. Regina der Jungfrawen / Vō sant Matheo dem apostel / Vō sant Maria Magdalena. ij. partickel / Von sant Panthaleon / Von sant Magno dem merterer / Von sant Alexio beichtiger ij. partickel / Von sant Kunegund der Jungfrawen. iij. partickel / Von. xi. tausent Jungfrawen. v. partickel / Von s. Steffan / Von sant Achatius / Vom heiligen Keiser Henrich. ij. particke / Von sant Egidio abt. ij. partickel / Von sant Lorentz. iij partickel / Vō sant Hieronymo. ij. partickel / Von s. Benedicto Vō s. Eleutherio / Vom heiligē babst Gregorio. ij. ptickel. Vō heiligē bischoff vñ merterer Adalberto. ij. ptickel. Vō s. Ciriax

D ij

Von sant Sixto dem bischoff. ij. partickel. Von s. Johannes dem tauffer. Von s. Eustachio. Von s. Martha. Von den x. tausent rittern. iiij. partickel. Von s. Valentin. iij. partickel. Võ s. Merten. ij. partickel. Von s. Sebastian. ij. partickel. Võ sant Erasmo. Von s. Gertraud. ij. partickel. Von den vnschuldi/gen kindelein. Von s. Cecilia/ Von s. Appolonia/ Von s. Ruprecht dem abt/ Von sant Sigmund dem kőnig. ij. partickel. Võ der krippe des herrn Jesu/ Vom grab des herrn Jesu. Võ s. Cristoffel. iij. partickel/ Von s. Kilian/ Vom tuch doryñne Christus ym grab gelegen/ Von s. Elisabeth/ Von s. Thoma dem apostel/ Von der heiligen kőnigin Helena/ Von s. Ambrosio. ij. partickel/ Von s. Georgen/ Vom őlbaum dobey Christ9 gebettet/ Von s. Bernhart/ Von s. Margaretha/ Võ blettern der dornẽ krone/ Vom heiligen creutz/ Võ s. Anna/ Vom steyne do Maria zu hymel gefarn/ Von s. Anthonio. ij. partickel/ Von s. Catharina. ij. partickel/ Acht zcene der. x. tausent ritter/ Võ s. Hireneo dem merterer. ij. partickel/ Von s. Martha/ Võ s. Nonosio/ Von s. Otilien/ Ein ander partickel ane namen.

Summa hundert vñ. vij. partickel.

Item.xxv.die grösere gemalte tafell mit dem Engelischen grusse/Dor Inne ist/in der mitte.v.Agnus dei/Von s.Maria Magdalena/Von s.Jacob dē grossen/Von s.Ciriax dem Leuiten.ij.ptickel/Von s.Niclas/Von.x.tausent rittern.iij.partickel/Von s.Peter.ij.ptickel/Von s.Paul.ij.ptickel/Vō s.Cristoffel/Von s.Andrea.ij.ptickel/Vom har sant Elisabet.ij.ptickel/Von s.Margaretha/ Von den.xi.tausent Jungfrawen iij.ptickel/Von s.Catharina/Von s.Alexio/Von s.Vrban.ij ptickel/Von s.Maria Magdalena.iij.ptickel/Von s.Valentin/Von der guldē pfort/Von s.Bernhart/Vō s. Sebastian Von s.Blasius.ij.ptickel/ Von s.Adrian / Von s.Cosma vñ Damiano.ij.ptickel/Von s.Cecilia/Von s. Tiburtio vñ Valeriano.ij.ptickel/Von s.Cristoffel/Von s.Emerentiana/Von s.Mauritio/Von der geselschafft sancti Mauricij/ Von sant Marien Magdalenen grab / Von s.Anthonio / Vñ sunst.vi. partickel der zedel vnleselich.

Summa.lvij.partickel.

Item.xxvi.die gemalte kleinste tafell mit dem Engelischen

gruß/Dor Jnne wirt enthalten von sant Anthonio dem Abt/
Von sant Niclas/Von sant Blasio/Von sant Gregorio. Von
sant Benedicto dem abte. Von sant Vlrich/Von sant Kilian
dem bischoff/Von sant Augustin/Von sant Aloeo dem beich
tiger/Von sant Dominicus/ Von sant Clemens dem Babst/
Von sant Euchario dem bischoff/Vom heiligen Lazaro. Võ
sant Siluestro babst/Von. s. Martino dem bischoff/Von s.
Bernhart dem abt/Von s. Vrban babst vñ merterer/ Võ s.
Machario bischoff vñ merterer/Von sant Leonhart.

Summa. xix. partickel.

Zcum. xxviij. Die tafell mit dem roten sammett vbertzogen/
Dor Jnne ist/Ein schön groß Agnus dei yn der mitte. Von s.
Peter/Võ den vnschuldigen kinden/ Von s. Alban merterer/
Von s. Bernhart abt/Von s. Agneten/ Von den. xi. tausent
Jungfrawen/Von s. Antonio dem beichtiger/ Von s. Marti
no/Võ der krippen vnsers herren/Von s. Georgen/Von sant
Bartholomeo/Von s. Ruprecht/Von s. Niclas/Von den. x.
tausent rittern/Von s/Benedict dem abt/Von s/Margare
ta/Von sant Moises dem abt.

Summa. xviij. partickel.

Zeum achtvndtzwentzigsten Ein helffenbeynen teffellein mit eynem vesperbild vn silber gefaßt vnd vbergult / Dor Inne ist / Vom berg Caluarie / Von der stadt do Christus geboren.

Sūma.ij.partickel

Zeum neunvndtzwentzigsten / ein rond Pacem mit rotem sammet vberzogen / Dor Inne ist Ein Agnus dei / Vō sant Catherina / Von s. Margaretha / Von s. Lorentz.

Sūma.iiij.partickel.

Summa des ersten ganges .ij. thausent.v. hundert.lxiij.parrickel.

Macht ablas an Jharen/Zcehenthausentmal thausent/zwey hundertmal thausent/lxxiiij.thausent / hundert.ix. Jhar / vnd hundert.xliiij.tage. Dortzu zweythausentmal thausent/funffzigk thausent/vnd.iiij.hundert Quadragen.

Der ander gang ist von unserm herren Jhesu / und was ym von seiner menscheit wegen unn leyden / sunderlich zu/stendig.

Zcum ersten wirt gezeigt ein kostlich monstrantz mit gul/denen halßbanden / edlen gesteynen und perlin gezieret / Dor Inne enthalden wirt der ware fronleichnam unsers lieben herren Jesu Christi / welchen er von wegen erlösung mensch/lichs geschlechtes willigklich ym todt seinem hymlischen va/ter geopffert.

Summa .j. partickel.

Zum andern ein gātz guldē tafel mit treflichē steynen vn̄ per
lin gezirt/doꝛinne sein .ij. stuck vō heiligē creutz. Sūma .ij. p.

Zcum drit
ten / Eyn
gātz gulde=
ner kelch
mit vil koſt
lichen ſtey=
nen vn̄ per
lin/dorynn
ſein vier
ſtuck vom
heyligenn
creutze.

Sūma .iiij
partickel.

Zcum
vierdē Ein
Engel mit
faſt treflich
en koſtlichē

steynen vnd Berlin gestigkt/Dor Inne sein.viij schöne partick el vom heiligen creutz/xxiij.schöne partickel von der sewle dor an Christus gegeischelt.Ein gantzer dorn von der kron christi Ein ander stuck von der kron Christi. Von einem steyne des bergs Caluarie do das blůt Christi gesprengt. Von der erden doruff das blůt Christi mildiglich getropffet. Vom berge cal uarie.ij.partickel.Von der stadt do die kleider Christi geteylet sein. Vom tuch das Jesus am creutz vmb seine lenden gehabt Vom steyn daruff Christus fur dem creutz gesessen. Von der stadt do Christus blutigen schweis geschwitzet.vi.partickel. Võ der stadt do Christus gefangen.vi.partickel.Võ der stadt do Christus das abentessen gehabt.ij.ptickel. Vom tischtuch das der herr Christ⁹ ym abentessen gebraucht.Vom tisch des abendessens.vi.partickel. Vom barwm doran Christus fur Pi latus hauß gebunden gestanden. Vom stock dorynne die Ju- den den herren die gantze nacht vbel gehandelt.Vom schweiß tuch des herren.iij.partickel. Vom tuch do Christus ym grab Innen gelegen hat.iiij.partickel. Vom vngenethen rock des herren so zu Trier ist.Ein ander partickel vom cleyde christi. Von rinden doruff Christus mit blossen knyen gebett.ij.parti kel.Vom steyne do got Moisi das gesetz gegeben.Vom steyne vnder welchem Lazarus gelegen/als yn Jesus erweckt. Eyn stuck vom Corporal mit dem blůt Christi besprengt.ij.partick el.Vom heiligen grab.

Summa.lxxxi.partickel.

Zcum funfften / Ein gantz gulden creutz mit perlin vnd steynen getzirt / Dor Inne ist / Vom heyligen creutz. Item ein gantzer dorn von der kron Christi.

Summa .ij. partickel.

Zcum sechsten / Eyn grosse silbern Monstrantz / Dor-
Inne ist / Vom hei-
ligen creutz / creutz-
weiß gemacht. ij. ꝑ/
tickel. Item funff
dorner von der kro-
ne Christi. Võ tuch
dorin Christus ym
grab gelegen.

Sũma. viij. ꝑtickel.

Zcum sibenden. Ein silbern vbergulter tabernackel/Dor ynne sein funff partikel vom heiligē creutz. Vom schurtztuch domit Christus gegurtet yn seiner Junger fussewaschunge. Vō der rutten domit er an der sewlen gestrichen. Von der seulen doran Christus gegeischelt. Vom saumen seines rockes. Vom purperkleid Christi doryn er gekrönet. Vom weissen kleide doryn er verspottet. Vom tuch domit man Christo seyne heilige augen verbunden. Vom tuch das Christus am Creutz vmb sich gehabt. Vō der stiegen dorvber Christus ist gegangen yn Pilatus hawß. Vom steyn dorauff das blut Christi getroffen do er am stamme des heiligen Creutzes gehangen .ij. partikel. Von der mirrhe Christo am Creutz gereichet. Vom schweißtuch Christi. Vom berge Caluarie Vom grab Christi.

Summa.xx.partickel.

Zcum achten/Die verclerung Christi von silber vnd silbernem Ertze gemacht/Dor Inne ist/Von der krippe Christi. Vom steyn dorauff Christus Simeoni ym Tempel geopffert Vom kruge dorynne wasser gewest/welchs Christus yn wein gewandelt. Von der stadt do Christ⁹ geruhet. Vom tisch dorauff Christus mit seinen Jungern geessen hat ym abentessen ij.partikel. Von dem selbigen tischtuch. Von den leynen tüchern doreyn Christus gewickelt. Vom Oelberg.ij.partikel. Vō der seulen doran Christus gegeischelt. Vom heiligen Creutze iij.partikel. Vom grab Christi.

Summa.xv.partikel.

Zeum.ix.
Der grösste
silbern vber
gulte Sal=
uator/Dor=
yn ist/Ein
gãtzer dorn
von d̃ krone
Christi vn=
den im fuß.
Itē.v. stuck
vom helign̄
creutz. Von
d̃ sewle dor
an Christus
im hauß An
ne gelehnet/
als er müde
gewurden/
Vō schweiß
tuch vnsers
herrē. Vom
stein doruff
er gestandē/
in der himel
fart.ij.parti
kel. In sey=
ner lingken
handt ym
creutz vff dē
Apffel von
golt mit ede
lein steynen
gezirt/vom
heilgē creutz

Võ der seu
len doran
Christꝰ ge
geyschelt /
Võ steyne
dorauff chri
stus gekrõ
net. Vom
tuch das
dem herrẽ
am Creutz
vmb die
lenden ge=
bundẽ Võ
schweyß=
tuch Chri=
sti.

Sũma. xv
partickel.

Zcum
zehenden /
eyn silbern
vergulter
Bawm /
obin mith
perlen vnd
edlen stey=
nen / Dor=
Inne ist /
Vom heili
gen Creutz
.ij. stuck /

Im fuß võ der stat do Christ⁹ geboren vi. partickel. Von der stadt do christ⁹ seine Junger schlaffende gefundẽ. Võ der stadt do der engel Christũ ym ölgartẽ getröstet. Võ der stadt do christ⁹ gefangen. ij. ꝑtickel. Ein pfenning auß den dreissigen dorumb Christus das vnschuldig lemlein verkaufft ist wordẽ

Sũma. xiiij. ꝑti.

Zcum eilfftẽ/ ein silbern monstrantz oben mit einer vergulten barmhertzikeit/ dorynne ist ym glase der weyn den Christus auß wasser gemacht/ Obiñ von einem steynen krug doryn solcher wein gewandelt ist

Sũma. ij. ꝑtickel

Zcum zwelfften/Ein silbern aufferstehung mit einem ge-
gulte grabe/Dor Inne sein.xxviij.stuck vom heilige grabe. Vo
steyn der auff dem grab gelegen vn vom Engel abgewelzt/
Vom steyn dorauff Christus mit de haupt ym grab gelegen/
ij.partickel. Vo der stadt do Maria gesessen bey de todte leich
nam Jesu. Vo steyn dorauff Jesus nach der abnemug vom
creutz gelegt ist durch Joseph vn Nicodemu. Vom steyn dor
auff Jesus gestande als er zu hymel gefarn .ij.ptickel. Vo der
stadt do Maria den todten Jesum gesalbet. Su.xxxvi.pti.

Zcum.xiij. Ein silbern vbergulte tafell in der mitte eyn ge=
schmelzte passion/doryñe ist/vom grabe christi. Võ heiligẽ

creutz / vnd
võ der krip-
pe christi.

Sũma . iij.
partickel/

Zcum . xiiij
Ein silber-
ne vergulte
taffel/in der
mitte eyn
guldẽ creutz
Doryn sein/
ij. partickell
vom heiligẽ
creutze.

Summa ij.
partickel.

IESVS

Jtem.xv. Ein silbern vbergulte tafel mit dē contrafact christi mit xij. engeln vñ aposteln/ Dorynne ist/ Vō der stadt do christ⁹ geborn. Vō der krippe christi Vō der rutte Aaron. Vom himelbrot Vō der guldenn pfortē. Vō d stadt do christus das pater noster geleret Vō ölberg Vō gotßacker Vō berg Caluarie. Vō heyligen Creutz/ Vō der stadt do das heilig creutz erfundē

Sūma.xij.p.

Jtem.xvi.ein silbern vergulte monstrantz mit.ij. engeln Doryn ist ein dorn vō der kron christi d sich selber vō einander geteilt yn beysein vñ getzeugn⁹ viler leute. Sūma.j.ptikel.

Jtem..xvij. Ein silbern vberguldts Plenariū mit der figur der geburt Christi. Dorynne ist/ Võ der stadt Nasaret do christus empfangen. Võ der stadt do christ⁹ geboren. Võ der krippe christi. xx. ptikel. Võ der stadt do die Engel den hirten erschinen vñ gesungen/ Gloria in excelsis deo. iij. ptikel. Von der stadt der beschneidūg vnsers herrē. Võ weirach vñ mirrha d͛ heiligē drey kőnige. ij. ptikel. Võ heiligē drey kőnigen. vij. ptikel Vom tuch doryn d͛ ald Simeon den herrē in die arme genōmē Võ baum dorunder maria geruhet als sie yn Egiptē geflogē.

Summa. xxxvij. partickel/

Jtem
xviij. ein sil
bern vber-
gult ponci
onirte ta-
fel/dorynn
ist obin võ
creutz chri/
sti / Vom
tuch dor-
ein Christ⁹
gewickelt /
Vom haw
dt auff chri
stus gelegt

Sũma. iij.
partickel.

Zcum neuntzehenden/Ein silbern vbergult Plenariū mit dem brustbild Christi vnd vier Ewangelisten/Dor Inne seyn zwey schöne stuck vom heiligen creutz/creutzweis gefaßt.

Summa.ij.partickel.

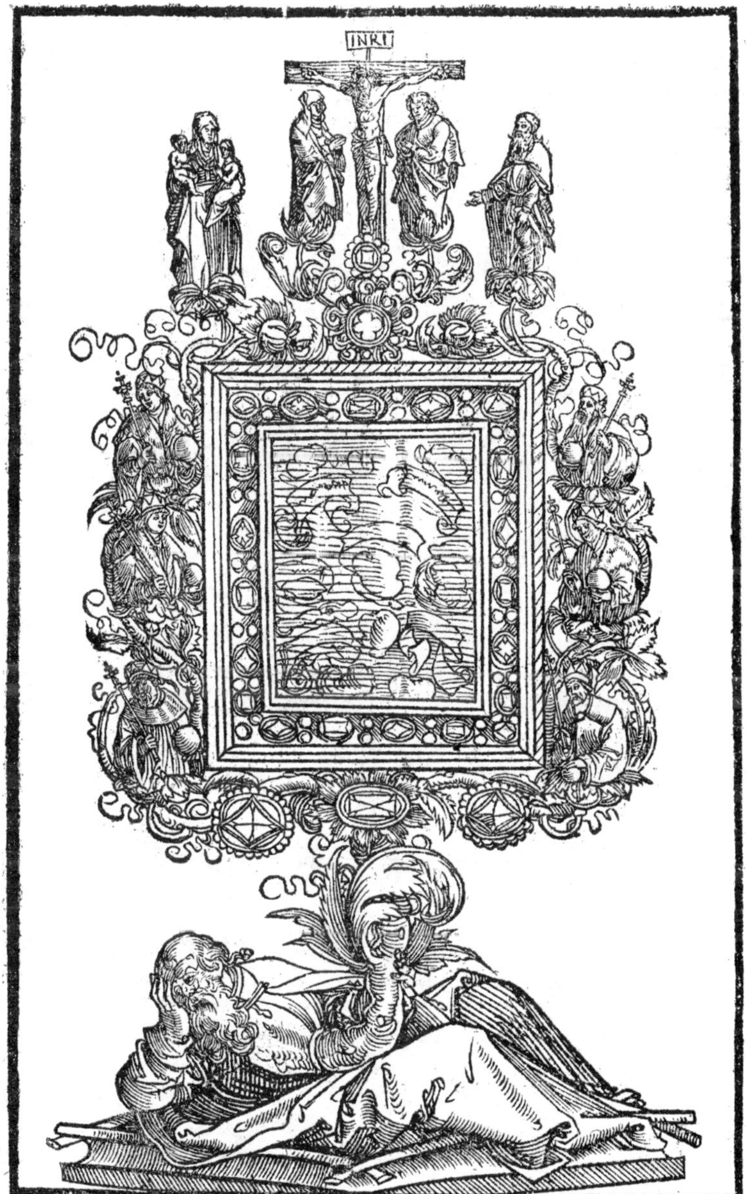
INRI

Zcum zwentzigsten/Ein gulden tafel mit steynen vñ perlin vnd dem stam̃ Jesse/Dor Jnne ist vom rock der mit Christo auffgewachsen .xvi. partickel Vom heiligen creutz. Vom holtz vnder dē creutz dorauff das blut Christi geflossen.ij.partickel. Vom blut Christi auff ein Corporal gesprengt.ij.par tikel. Vom schwam der dē herren am creutz gereichet. Vō brote welchs der herre den Jungern ym abentessen gegeben. Vom schweißtuch des herren. Vom tuche darein der herre ym grab gewickelt. Vom purpurcleid das Pilatꝰ dem herren angelegt Vom tuch das Christus am creutz vmb die lenden gehabt/ doran das blut noch sichtig .ij. partickel. Vom weissen cleid yn welchem der herre von Herodes verspott ist. Von der dörnen krone. Von der sewle der geischlung. Von den geisseln domit der herre gestrichen.ij.partickel. Vom grab Christi.

Summa.xxxiiij.partickel.

Zcum einvndtzwentzigsten/Eyn silbern Jesus bild mit gulden keten vnd Perlin getzirt/Dor Jnne sein.xv.stuck vom heiligen creutz. Vom steyne doryn das creutz gestanden. Eyn gantzer dorn von der krone christi. Von der sewle doran Christus gegeischelt ein groß stuck. Vom steyne do Christus ym Tempel geopffert. Vom windband odder schnur domit christus eingebundē. Vom tuch dorein Christus gewickelt in der opfferung yn tempel.ix.partickel. Von der krippe christi. Von der stadt do Christus geborn .ij. partickel. Von dem weirach vnd mirrha welche die heiligē drey Könige geopffert/iij.partickel. Von könig Baltasar.

Summa.xxxvi.partickel.

Zcum zweyvn d
zwentzigstē/Ein sil
bern tafell mit .vi.
geschmeltzten gle=
sern / Dor Jnne ist
ein gantzer dorn vō
der kronen Christi/
welchen babst Leo
der zehend vnserm
gnedigsten herren
zu Eeren Jns new
Stifft geschickt.

Sūma.j.partickel.

Zcum drey vnd zwentzigsten/Ein klein gulden schiff mit perlen vn̄ edeln gesteynen / Welchs keiser Maximilian seliger gedechtnus Ertzbischouen Ernste löblicher gedechtnus geschanckt/Dor Inne ist von der erden dorauff das blut Christi geflossen.ij.partickel. Vom wunderblut Christi. Von der krone Christi.iij.partickel. Vom heiligē creutz.vi.partickel. Vom kleide Christi. Von der stadt do Christus das Pater noster gemacht.iij.partickel. Von der ruten Aaron.vi.partickel.

Summa.xxxij.partickel.

Zcum viervndzwentz-
igſten/ Eyn ſilbern vbergult
bild der barmhertzigkeit/dor
Inne iſt/ Von der ſtadt do
Chriſtus blutigē ſchweis ge-
ſchwitzet Vom palmenholtz
das Chriſto am Palmtage
furgeworffenn. Vom klotze
das Chriſto am weiſſen cleide fur ſeine fuſſe gehangen. Vom
heiligen creutz. Von der dornen krone Chriſti. Von der ſewlen
doran Chriſtus gegeiſchelt. Vom tuch domit ym ſeine augen
verbunden. Vom heiligen grabe.

Summa.viij.partickel.

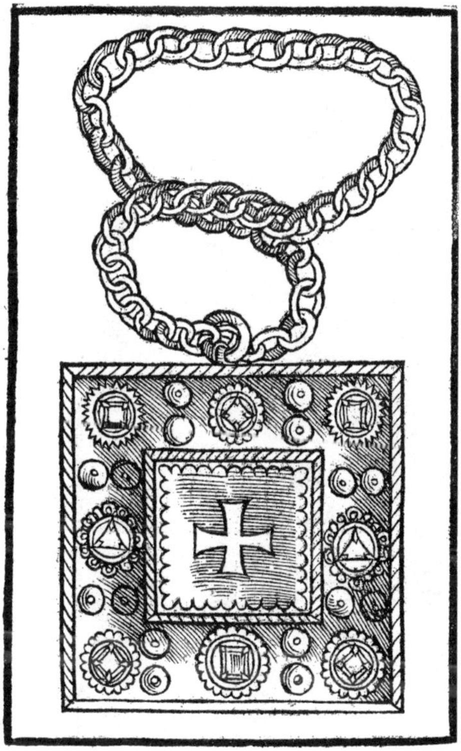

Zcum funffvndzwentzigsten Ein viereckicht gulden Pacem mit steinen vnd perlin vnd einer gulden keten / Dor Inne ist ein stuck von der dornen kron Christi. Vom heiligen creutz creutzweis .ij. partickel. Vom tuch mit dem bluth Christi besprengt. Vom vngeteilten rock Christi. Vom kleide Johannis des ewangelisten. Võ den fedem welchs Maria selbs gespunnen. Von den haren Marie. Vom kleide Marie.

Summa .x. partickel.

Zcum sechßvndzwentzigsten/Ein silbern vbergulte tafell obin mit einem gulden creutz vnd funff edeln gesteynen/Dor= Inne sein zwey stück vom heiligen creutz.

Summa.ij.partickel.

Zcum.xxviij. Ein creutz võ perlenmutter yñ silber gefaßt vñ vbergult/ Dor Jnne sein zwey stuck vom heiligen creutz.

Summa.ij.partickel.

Item.xxxiij. Ein ander creutz von perlinmutter / vn̄ silber gefaßt vn̄ vbergult/ Dor Jnne sein.ij stuck vom heiligē creutz. Summa.ij.partickel.

Zcum neunvndzwentzigsten noch ein creutz von berlin=
mutter / yn silber gefaßt vnd vbergult/Dor Inne sein auch.ij.
stuck vom heiligen creutz.

Summa.ij.partickel.

Zcum dreissigsten aber ein creutz von perlinmutter vn sil-
ber gefaßt vnd vbergult/Dor Inne sein abermals .ij. partickel
vom heiligen creutz.

Summa.ij.partickel.

Zcum.xxxi. Ein silbern vbergult creutz mit steynen vnnd perlen/ Dor Innen sein.ij.stuck vom heiligen creutze.

ꝛ ij

Summa.ij.partickel.

Jtem zweyunddreyssigsten / aber ein silbern ubergultes creutz mit steynen vñ perlen / Dor Jnne sein aber.ij.stuck vom heiligen creutz.

Summa.ij.partickel.

Zcum dreyvnd
dreissigstẽ Ein gros
silbernes vbergult
creutz mit steynẽ vñ
iiij.berillen/vnd an=
hangendem Salua
tor/ Dor Inne ist võ
tisch vnsers herren/
Vom tischtuch wel
ches er ym abentes=
sen gebraucht. Vom
handtuch aber do=
selbs gebraucht. Võ
heiligẽ creutz. Vom
tuch doreyn Christꝰ
gewickelt als ein kin
de. Vom grab Chri
sti. Vom steyn dor=
yn das creutz Christi
gestanden.

Sũma.vij.ꝑtickel.

Summa des andern ganges sein vierhundert vnd ein partickel.

Macht ablas an Jharen Thausentmal thausent/sechßhundertmal thausent/sibenthausent/vierhundert vnd/lix. Jhare/ vnd.lxiiij.tage/Dar zu dreyhundertmal thausent/xx.thausent vnd.viij.hundert Quadragen.

Der dritte gang von der hochgelobten konigin Marie.

Zcum ersten wirt gezeigt ein gros silbern vbergult sitzend Marienbild/Dor Jnn ist vō dē baum dorunder maria geruhet als sie mit yrem kind in egipten floge. Von der stadt do Maria den englischē gruß empfangen. Vō der stadt do Maria Elisabet gegrusset hat. Vō der stadt do Maria Christū geboren vn̄ ym kindelbette gelegen. Vō den haren marie. Vom rock Marie Vō hembde marie. Vō schleyer Marie ein gros pti. Von yrem gurtel. Vō dem garn das Maria gespūnen. Vō der stadt do Maria gestorben . Vom grabe Marie.ij.parickel.

Sūma.xiij.partickel

Zcum andern/Ein gros silbern Marienbild mit steinē vn̄ perlen/Dorynn ist vō der stadt do maria geborn. Vō betwand marie. Vō küssen marie. Vom rock marie.ij.pti. Vom mantel marie.ij.pti. Vom gurtel marie Vom hare Marie.iij.pti. Eyn gros partickel der fedem die sie selbs gespunnen. Vō der stadt do die engelische botschafft geschehen. Vō hembd marie dorynn sie Christū geboren. Von der milch marie.ij.pti. Vō schleyer marie den sie vnderm creutz vff gehabt. Vō cleid Marie. Vom steyn dorauff sie ym grab gelegen. Vom grab marie.

Summa.xxi.partickel.

Zum dritten
Eyn silbern
tafel dorynn
das Contra-
fact Marie/
Dorynne ist/
vō rock Ma-
rie. Vō kleid/
schleyer/vnd
hembde Ma-
rie.v.ptickel.
Vom gurtel
marie. Vom
hare Marie/
iiij. pti. Von
der stadt do
sie begraben
iiij. partickel
Sū.xiiij.pti

Zcum vierde
eyn straußey/
yn silber ge-
fast obin mit
einē marien
bilde/dorinn
ist vom hare
marie.iiij.pti
Vō yrem clei
de.iiij.parti.
Von yrem
schleyer. Vō
yrem hembd
Vō irem gra
be.v.ptickel.

Summa.xiiij.partickel

Zcum funfften das klein
Marien bild/ Dor Inne ist in
der flasche am halß hangend
võ der milch Marie. Im gul
den kleinot mit perlen yn der
hand/ vom hare marie. Von
yren cleidern.ij.partickel. Võ
yrem schleyer. Von yrem gra
be.v.partickel.

Summa.x.partickel.

Zcum ſechſte
Ein ſchön groſs ſilbern vbergult bruſtbild/doran ein gulden halſsband mit ſteynē vnd perlen getzi ret/ Obin mit eyner gulden kronen von ſteynen vnd perlin keiſer Otten des andern/ Dor Inne ſein .ix. partickel vō ſant Johans dem tewffer. Vō ſeynem kleid .ij. partickel. Vō ſeynem birreit. Vō hewpt Zacharie des heiligen Johans des tewffers vater. Vom heiligen Zacharia.ij.tzene/ vnd ſunſt.j.partickel Vonn der rutte Moiſi/ Von der Archa Noe. Von Aarons rute.ij.partickel. Vom heiligen patriarchen Jacob. Vom heiligen patriarchen Iſaac/ ij.partikel. Vom heiligen propheten Heliſeo. Vō der wuſteney do ſant Johans ynnen geweſt.

Summa.xxv.partickel.

Zcum sibenden / Sandt
Johannes des tewffers bild/
Dor Inne ist. Von der stadt
der geburt des heiligen tewf=
fers Johannis. Ein gantzer
tzan von ym. Eyn stuck von
seinem tzan. Vō seinem kinne.
Von seinem arme ein schön
stucke. Von seinem rugkbeyn
ein gros partickel. Von seiner
riebe. Sunst.xxxv.partikel vō
ym. Item.ij.partickel von sey
nem pulver. Von der schlaff=
kāmer do er geruht als er eyn
kindt gewest. Von seinen klei=
dern die er auff dem hewpt
vnd am leib getragen.ij.par=
tickel. Vom kleide dorynne er
getödt/vnd mit seinem blute
besprengt.ij.partickel. Vō der
wusteney do er die busse ge=
leret/vnd gethan.ij.partickel.

Sūma.li.partickel.

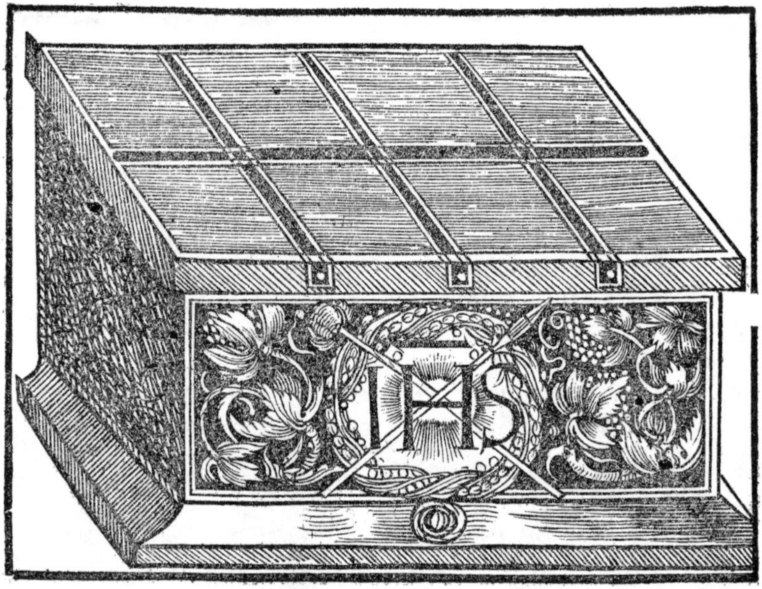

Zcum achten/Ein kestlin mit schwartzem sammet vberzogen vn̄ mit perlen gestikkt/Dor Inne ist/Von der stadt der geburt Marie.v.partickel. Von der stadt der Engelischē botschafft.ij.partickel. Vō der stadt do Maria das Magnificat gemacht. Von der stadt do sie stets gebett. Von yrer milch.ij.partickel. Von yrem gespūnne.ij.partickel. Zwen partickel do sie geruhet / als sie nach dem tode Christi die heiligen Stete besucht. / Von der stadt do sie verschieden. Vom öle Marie in Sardinia. Vom schleyer den Maria vnderm Creutz auff gehabt. Von yren cleidern.ij.partickel. Von yrem hembd. Von yrem gurtel. Vom tuch dorynne das hembd Marie zu Ache sieben Jhar gelegen.ij.partickel.

Summa.xxiiij.partickel.

Zcum neunden/Ein weiß vnd vbergult kestlin mit welischer arbeit/Dor Jnne ist/Von der milch Marie. Vom wunderlichen öel auß yrem bild in Sardinia. Vom rock doryn sie den Engelischen grůs entpfangen. Von yrem grab. vi. partickel. Von yrem hare. iij. partickel. Von yren cleidern. ij. partikel Vom bawm do Maria vnder geruhet als sie mit dem herren Jesu in Egipten geflogen. Von yrem schleyer. ij. partickel. Vō yrem hembd. ij. partickel.

Summa. xix. partickel.

Summa des dritten gangs hundert und .xxxvi. partickel.

Macht ablas/Sechßhūdertmal thausent/zweyundfunfftzig thausent/Achthundert/funffundachtzig Jhar/und achtund sechtzig tage. Dortzu hundertmal thausent/achtthausent und achthundert. Quadragen.

Der vierde gang von den heiligen Patriarchen und Propheten.

Zcum Ersten / Eyn silbern brustbilde sant Joachims Dor Inne ist Vonn seynem hewpte/ Vonn seiner riebe / vñ funff andere ꝑtickel von ym.

Summa vij. ꝑtickel

Zcum andern/Ein silbern sarch durchsichtig/Dor Inne sein .ij. grosse partickel von den hewptern sant Joachims des vaters Marie der Jungfrawen/Vnd sant Josephs des vertrawten mannes Marie.

Summa .ij. partickel/

Zcum dritten/ Ein guldener ſarch mit ſteynen vnd per-
lein / Dor Inne iſt/ Von der rute Moiſi.ij.partickel. Von der rute Aaron.ij.partickel. Vom perge des puſchs Moiſi. Vom ſteyne den Moiſes geſchlagen vnd darauß waſſer gefloſſen. Vom furhange des tempels Salomonis.

Summa.vij.partickel.

Zcum vierden/ Eyn silbern vergult Monstrantz/ Dor Inne ist/ ein finger des heiligen Johannis des teuffers/ domit er Jesum gezeigt/ vnd gesprochen Ecce agnus dei.

Summa. j. partickel.

Zcum funfften/Ein vbergult cleynot mit steynen vñ perlein getziret/Dor Inne ist/Vom blute des heiligen Johannis des teuffers.

Summa.j.partickel.

Zcum ſechſten/Ein latern von Berill yn ſilber gefaßt vnd vbergult/dorynne iſt/Võ der milch Marie.ij.ꝑtickel. Võ yrem haer.ij.ꝑti. Võ yrem kleide ij.ꝑti. Võ yrem hembd. Von yrem ſchleyer. Von yrem grabe.

Summa.ix.partickel.

Zcum sibenden / Ein silberne vergulte krönung Marie / Dor Inne ist Vom hembd vnd haren Marie.ij.partickel. Võ yrem schleyer.iij.partickel. Von yren cleidern.iiij.partickel Võ yrem hembd.ij.partickel. Von yrem grabe.

Summa.xij.partickel.

Zeum achten/
Ein silbern Mon-
strantz mith eyner
helffenbeinen buch
sen/silbern vñ vber
gultem arme/Dor-
Inne sein.iiij.schō-
ne partickel des hei
ligē Simeonis mit
getzeugnus brieffen
zweyer patriarchē
vnnd eyns Abts/
Sunst.iiij. andere
partickel vō seinem
leybe. Vom hawß
dor Inne er gewo-
net. Von seinē gra-
be. Von seinē rocke

Summa.x.
partickel.

Zcum neunden / Eyn klein silbern mõstrẽzlin mit einem gewunden berill. Dor Inne ist / Ein tzan von sant Johans dem tewffer / Und sunst ein partickel von ym.

Summa.ij.partickel.

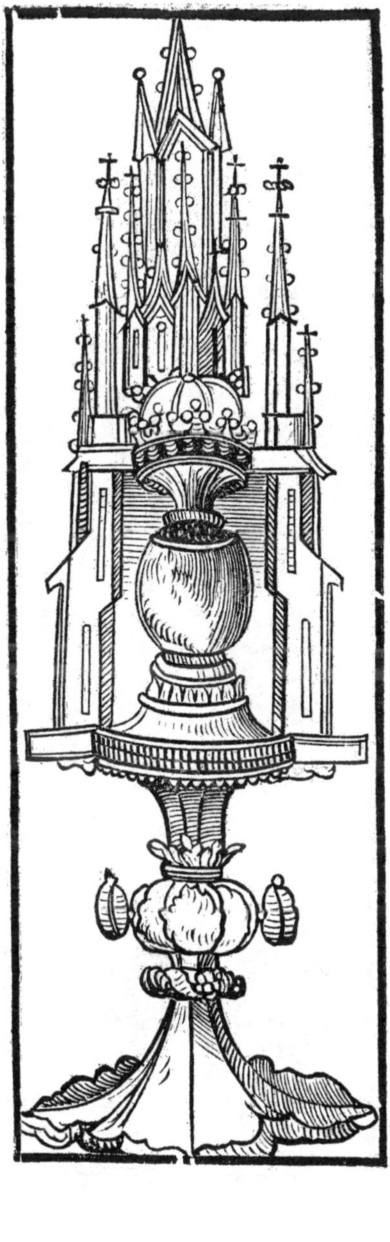

Zcum zehenden/ Ein silbern sant Josephs bild / Dor Inne ist / Von seynem hewpt. Von seinem arm/ vn̄ sunst funff grosse stuck von ym. Von der rutte Joseph welche geblůet. Vō Joseph von Arimathia.ij.partickel Von seinem grabe.

Sūma.xi.partickel.

Zeum eilfften/Ein sil=
bern monstrentzlein mit.iij.
glesern/Dor Jnne ist/ Vom
finger Zacharie/doran noch
hawt.ij.partickel. Ein stuck
vom finger des heiligẽ sant
Hieronymi mit der hawt /
ij.partickel. Ein stuck vom
finger sant Georgen / auch
mit der hawt.

R ij

Sũma.vi.partickel

Zcum zwelfften/ Ein silbern serchleyn mit.iiij.weppenern Dor Inne ist ein gros stuck vom arme Esaie des propheten / Vom heiligẽ Isaac ein gros stuck. Vom heiligen Daniel. Ein gantz gelengk vom gerechten alten Simeon/der den herren ge tragen. Ein gros stuck einer rören võ sant Simeon. Vom hei ligen Patriarchen zu Hierusalem Sant Johan.

Summa.vi.partickel.

Summa des vierden gangs hundert vnd.xxix.partickel.

Macht Ablas/Sechßhundertmal thausent/Neunthausent/zweyhundert/achtzig Jhar/Zweyhundert vñ zwenvndneunzig tage.Doꝛzu hundertthausent/zweythausent vñ vierhundert Quadꝛagen.

Der funffte gang von den heiligen czwelfpoten vnd ewangelisten.

Zcum ersten / Ein sil-
bern sant Peters bild / Dor-
ynne sein .ij. partickel vō sey-
nem haubt. Von seinē kyn-
back ein gros ptickel. Zwen
zcene von ym. Von seynem
schulterbeyne. Von seynem
dawme. Ein gros stuck vō
seinem arme. Sunst. xxvij
andere partickel vō seinem
leibe. Vier glid von der ket-
ten doran er gefangen gele-
gen. Von seinem Creutz .iij
partickel. Von der sewlen
doran sant Peter gegeisch-
elt .iij. ptickel. Von der stein
klufft doryn er geweinet /
vnd büsse gewurgkt. Vom
Stabe den er gen Trier ge-
schickt sant Matern zu er-
wecken .ij. partickel. Von
sanct Peter vnd Paul .ij.
partickel.

Sūma .lx. partickel.

Zcum andern/Ein sil
bern sant Paul bild/Doryn
ist ein gros stuck vō seinem
hawbt Ein halber kinback
mit.iiij.zcenen. Von seinem
heiligē blnt funff partickel.
Ein glid vō seinem finger·
Ein schōn stuck von seiner
ribben /xix.andere stuck vō
seinem heiligen leibe. Von
der seulen doran er gegeisch
elt. Von seinem stabe. Von
seinem grabe. iij. partickel.
Vom haubt des heyligen
Barnabe.Ein schōn stuck
von seinem arm. Funff an
dere stuck von seinem Cor=
per. Von sant Timotheo/
Von sant Tito. Vō der rib
ben/hirnschal/arm / tzan /
vnd rugkbeyn des heiligen
Celestis eins auß den.lxxij.
Jungern funff partickel.

Sūma.xlix.partickel

Zcum dritten/Ein sil-
bern sant Johãs bild/ Dor
yn ist von seinem hare. Võ
seinen cleidern.iij.partickel.
Von dem Castel sant Jo-
hannis. Von der Stola die
Maria ym selbs gewurcht
Vom buch sant Johannis
in der Insel Pathmos ge-
schriben. Vom altar doruff
er fur Marien Messe gele-
sen. Von seinem grabe.

Sũma.ix.partickel.

Z cum vierden/Ein ſilbern ſant Bartolmes bild / Doryn iſt von ſeinem hewpt / Item vier zehen von ym. Von ſey= ner rieben. Von ſeinem ſchin= bein. Von ſeinem arme. Item xl. ander partickel von ſeinem cörper. Funff ſchöne ſtuck võ ſeiner hawt/doran noch blut geſehen.

Summa.liiij.partickel

Zcum funfften/Ein sil
bern sant Thomas bild/dor
ynne sein.ij.partickel võ sey
nē heupt. Vom tuch in seinē
blut genetzt. Von seinen ha-
ren. Ein schön stuck von sei
nem heiligen arme. Ein an-
der stuck von seinem arme.
Ein gantz achselbein võ ym
Ein gantzer finger domit er
Christo in seine seite gegrif-
fen. Ein halber finger von
ym. Ein ander stuck eins fin
gers von ym. Item.xix.an-
dere stuck von seinem heili-
gen corper. Vom hawß yn
welchem sant Thomas yn
die wundē Christi gegriffen

Sũma.xxx.partickel.

Zcum sechßten / Ein silbern arm mit einem winckel holtz / Dor Inne ist ein trefflich stuck vom arme sancti Thome. Zwu schöne rören vom arm Bartholomei.

Su̅ma.iij.partickel.

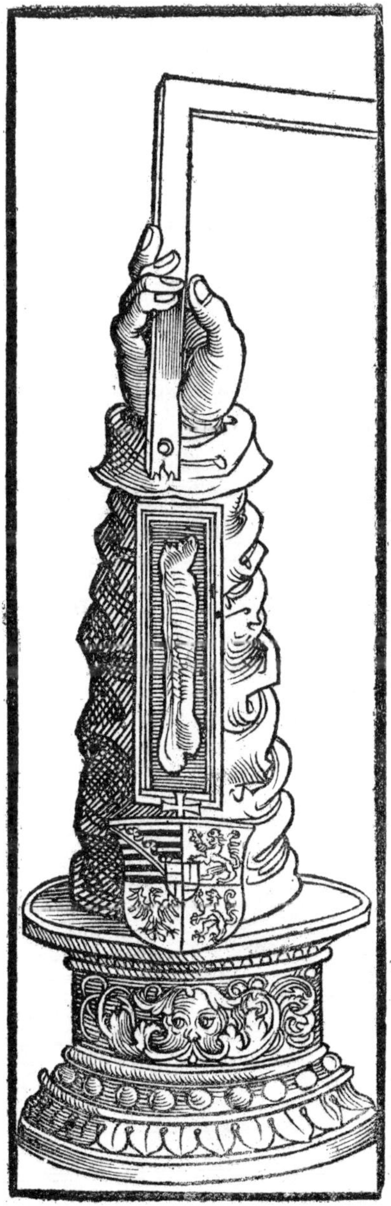

Zcum ſibenden/Ein ſil
bern ſant Andres bild/Dor
Inne iſt/ Vom heupt ſanc
ti Andree. Von ſeinem ſchul
terbein das keiſer Otto gen
Nebelloben bracht . Eyn
zan vō ym. Von ſeinem ar=
me. Drey finger von ym. Vō
ſeiner rieben. Item. xlvi. an=
dere partickel von ſeinē ley=
be. Drey ſtuck von ſeynem
creutz. In gleſern merglich
er. ij. partickel bluts vō ym.
Ein gleßlein voller öle ſanc
ti Andree/ welchs auß ſeinē
leichnam gefloſſen/Welchs
heiligtumb keiſer Maximi=
lians ſchweſter vnſerm gne
digſten herren geſchanckt.

Sūma. lx. partickel

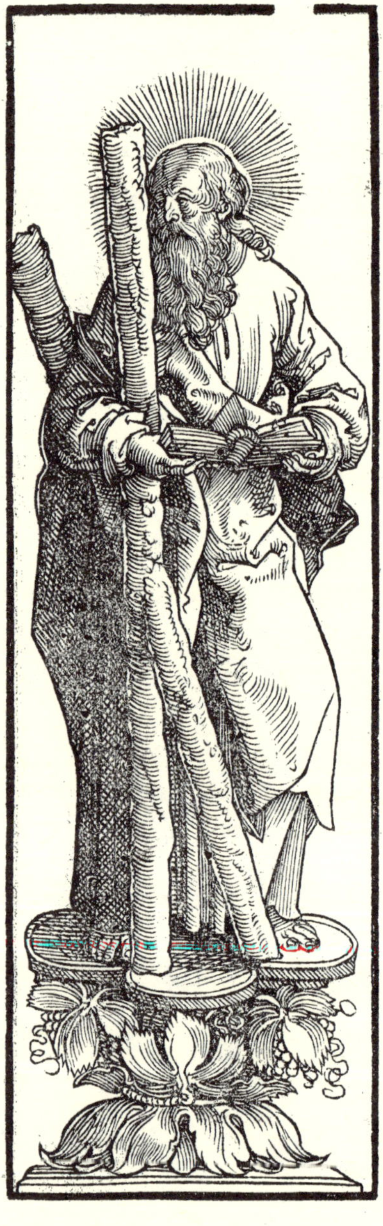

Zcum achten / Eyn schön silbern sant Mathias bild / Dor Inne ist verschlossen ein gros stuck von seynē arme Ein gros partickel vō seinem rugkbein . Vō seiner riben . Vnd sunst .xxij. partickel von ym.

Sūma .xxv. partickel.

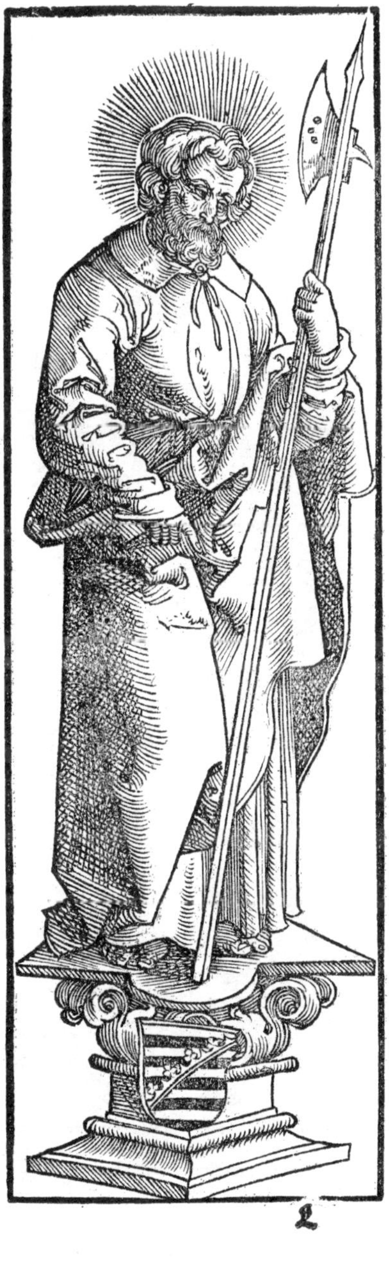

L

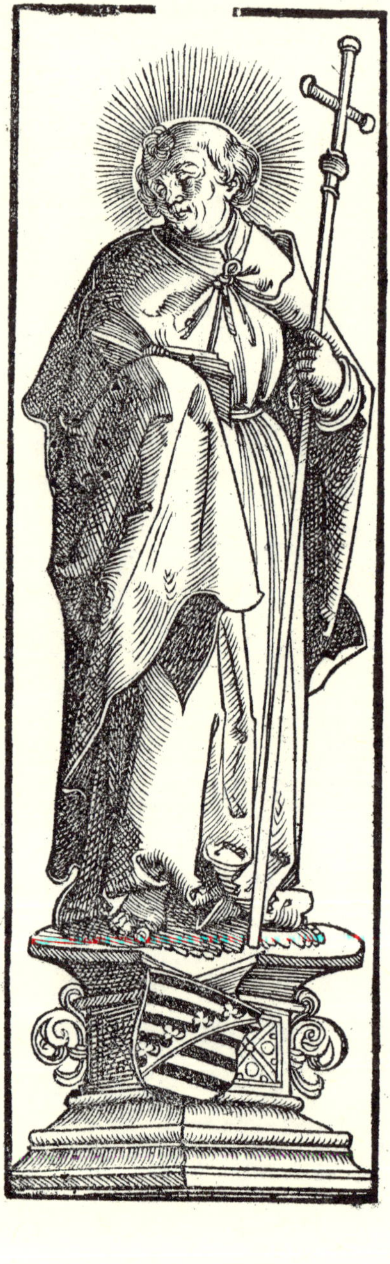

Zcum neunnden / Eyn silbern bild sancti Philippi Dorynne sein zwey stuck vō seiner schulter. Von seynem arm. Von seiner ribben. Vñ sunst .xvij. andere partickel von seinem cörper.

Sūma.xxi.partickel.

Zcum zchenden / Eyn silbern bild des heiligē zwelf poten sant Jacobs des cleynern. Dor Inne sein. iij. stuck von seinem herupt. Von seynem rechten arm. Vō seiner ribben. Vn̄ sunst. xvi. andere partickel von seinem heyligen leibe.

Sūma. xxi. partickel.

Zcum eilfften. Ein silbern bild des grössern sanct Jacob/Dor Inne sein behalten von seinem hewpt.ij.partickel. Ein tzan. Von seinem arme. Von seinem rugkbeyn Vñ sunst.xxvij. partickel võ seinem cörper.

Sũma.xxxij. partickel.

Zcum zwelfftē/Ein sil
bern arm mit einer mosch=
eln / Dor Inne ist ein treff=
lich stuck eyner Armrören
des heyligen zwelffpoten
sant Jacobs des grössern.

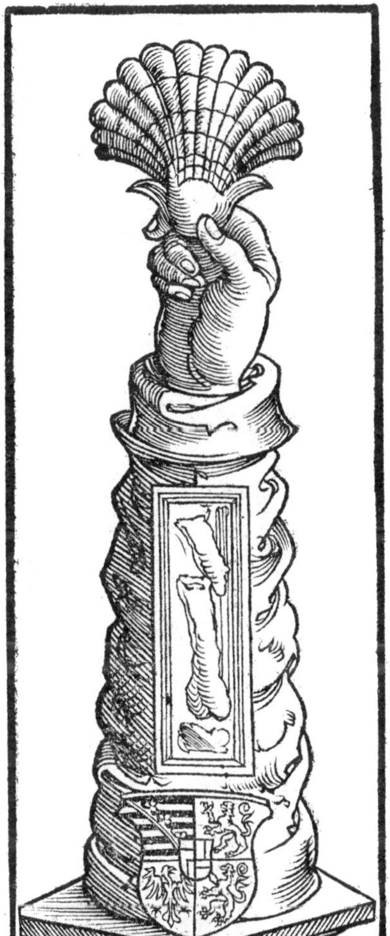

Summa.j.partickel.

Zcum dreytzehenden / Ein silbern sant Simons bild / Dor Innen ist / Eyn schön stuck vō seiner riben Acht ander partickel von seinem cörper.

Sūma.ix.partickel.

Zcum viertzehenden.
Ein silbern bild des heili-
gen Tadei/ Dor Inne seyn
funff schöner partickel võ
seinem heiligen leybe.

Sũma.v.partickel

Zcum funfftzheenden/
Ein silbern bild sancti Ma
thei / Dor Inne sein zwey
trefliche schöne stuck von
seinem heiligen hewbt. Ein
grosser knoch von seyner
brust. Ein gantz geleng sey
nes leibes . Drey trefliche
stuck von seinem arm. Von
seiner ribben / Dreytzehẽ an
der partickel võ seynem hey
ligẽ leichnam. Ein zan võ
sant Marx / xi. ptickel vom
cörper sancti Marci. Item
xxij. partickel von sant Lu
cas / ij. partickel von sanct
Barnaba.

Sũma. lvij. partickel

Zcum ſechſzehenden
Eyn gantze Armröre des
heyligen Ewangeliſtenn
ſant Lucas/ yn ſilber ge=
faſſt / mit welcher er das
heilig Ewangelium ge=
ſchriben.

Summa.j.
partickel.

Zcum sibentzehenden. Eyn silbern vbergult plenariũ mit
der figur/der annũctiation/Dorinne ist/Võ s. Marx dẽ ewan
gelisten ij. partickell. Von seynem arm ein gros pti. Drey pti.
seins andern gebeines ij. pti. võ zweyen riben des heiligẽ Luce
Sunst seins gebeines ij. pti. Von dẽ arm des heiligẽ Gregorij.
Sunst viij. pti. seins gebeines. Võ s. Hieronymo. ix. pti. Vom
grab Hieronymi iiij. pti. Von s. Ambrosio. ij. pti. Vom felde

Ebron do Adam buße gethan.iij.pti. Vō der stadt do Jsaac beschnittē. Vō der stadt do Dauid buße gethan. Vom begreb- nus.der heiligen Propheten ij.ptickel

Summa xlij.partickell.

Summa des funfften ganges vier hundert. lxxix. partickel.

Macht ablas zweythausentmalthausent/zweyhundert mal thausent/Neunvndneuntzigthausent/funffhundert Jhar/ vnd.xij.tage.Dortzu dreyhūdertmalthausent/dreyvndachtzig thausent vnd zweyhundert Quadragen.

Der sechste gang Von den heyligen Merterern.

Zcum Ersten/ein silbern brustbil sancti Mauricij Patronen des gantzen Stiffts/dor Inne ist/Von der stirne sancti Mauricij. Ein zan. Ein finger. Von seinem arme.iij.partikel. Von seinem Corper sunst/xix. partickel Von seinem banir. Von seinem grabe. Die spitz seines schwerts.

Summa xxviij.partickel.

Zcum andern/
Ein stuck einer el-
len lang/ vnd .iij.
viertel breyt võ dẽ
banyr des heyligẽ
Mauricij des Pa
tron diß ertzstiffts
der sambt seiner le
gion der gewesen/
vi.thausent.vi.hũ
dert vnd .lxvi. die
kron der heyligen
merterer dorunder
empfangen hat/
Auff dem silbern
stab ym vbergultẽ
creutz dorynne ist/
võ haupt des hey
ligen Mauricij /
sunst .xi. partickel
seins cörpers/xxij.
ptickel võ s.Mau
ritio / Candido /
Victore vnd yrer
gesellschafft. Eyn
zan von s.Candi
do. Võ s.Victor/
ij.ptickel. Von .s.
Piato Võ s.Geor
gio spoletano. Võ
s.Gereon. Võ der
erden dorauff das
blut der.x.tausent
ritter geflossen ist.
ij.pti. Võ yrem ha
re.j.ptickel.

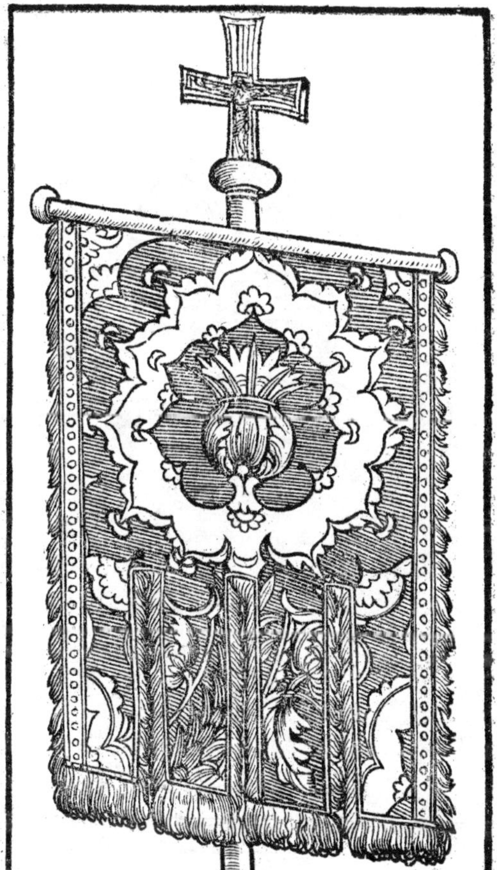

Sũma.xlx.pti.

Jtem dritten
Eyn silbern sanct
Erasmus brust-
bild / Dor Jnne ist
das gantz haubt
des heiligen bisch-
offs vñ merterers
sancti Erasmi.

Summa
j.partikel.

Zcum vierden / Ein ſarch mit koſtlichen perlen vnd vil edlen ſteynen geſtigckt/Dor Jnne leyt der cörper des heiligen biſchoffs vnd merterers Eraſmi/des mitpatrons diſer löb= lichen Stifftkirchen.

Summa.j.partickel.

Zcum funfften/ Ein sil
bern bild sant Steffans des
heyligen ersten mertterers/
Dor Inne ist/ vom kynback
sant Steffans ein groß stuck
Von seinem arme.iij.schö-
ner partickel Võ seiner brust
ein schön stuck.Von seinem
rugkbein.Sunst von seinem
heiligen cörper.xxiiij. ptickel
Von der stadt do er gesteyni
get.viij.partickel. Der steyn
domit er getödt.Von sanct
Steffan dem babst ein arm
röre/vnd sunst.iij.partickel.
Vom haubt des heiligē Bo
nifacij des ersten Ertzbisch-
ouen zu Mentz.Von seyner
armröre/xiij. andere ptickel
von seinem cörper.Von sey
nem kleide. Von seiner Casel
Von seiner Alben.

Summa.lxi.partickel.

Zcum sechstē/Ein vbergulter arm sant Steffans Doryn ist ein gantz armrōre des heiligen sant Steffans babst vnd merterers.

Summa.j.partikel.

Zcum sibendē/Ein silbern sarch mit eytel sant Moritz bilden. Doryn ist das halb rennfenlein sancti Mauricij vñ seyner geselschafft. Ein merglich stuck vom arm sancti Mauricij. Von seinen rōren.ix.schōner stuck. Ein zcan von ym/ Ein zcan von sant Germano seinem bruder. Vom glid eins fingers des ritters Alexandri/ auß sant Moritz geselschafft/ Zwen ander partikel vō sant Moritz vnd seiner geselschafft Vō sant Innocentio. auß der geselschafft sant Moritz/xvij. andere partikel auß der geselschafft sancti Mauricij / vi. grosse rōren auß seiner geselschafft. Ein gelengk vō einem auß der selbē geselschafft. Vō blut der selben geselschafft.iij partikel. Ein armrōre sancti

Victoris dieser gesellschafft. Von seinem ruckbeyn. Võ seinem gebeyne. Ein armröre sancti Focati. Ein ribbe des heiligen bischoffs Clementis von Athen. Vom heiligen könig Tracio. Von sant Honorato der selben gesellschafft. Vom arm sancti Saturnini bischoffs vnd merterers/ij. partikel auß der gesellschafft der heiligen Cassij/Florencij/Malusij vnd ander Thebeyern. Ein kinback sancti Valerij des Furstẽ der gesellschafft Thebeorum.

Summa. lv. partikel.

Zcum achten/Ein silbern vbergulter lenglicher sarch mit dem leyden Christi/Dor Jnne sein/Von sant Moritz.iij.partikel.Zwey stuck von einer hirnschalen auß seiner gesellschafft Ein grosse röre auß der selben gesellschafft.Ein riebe vñ sunst xxiiij.partickel der selben gesellschafft. Vom haubt s. Victoris auß der selben gesellschafft.Von den heiligen Machabeis iiij.partikel.Von den heiligen Mauris.iiij.partikel.Ein grosser steyn domit sant Steffan gesteynet.

Summa.xli.partikel.

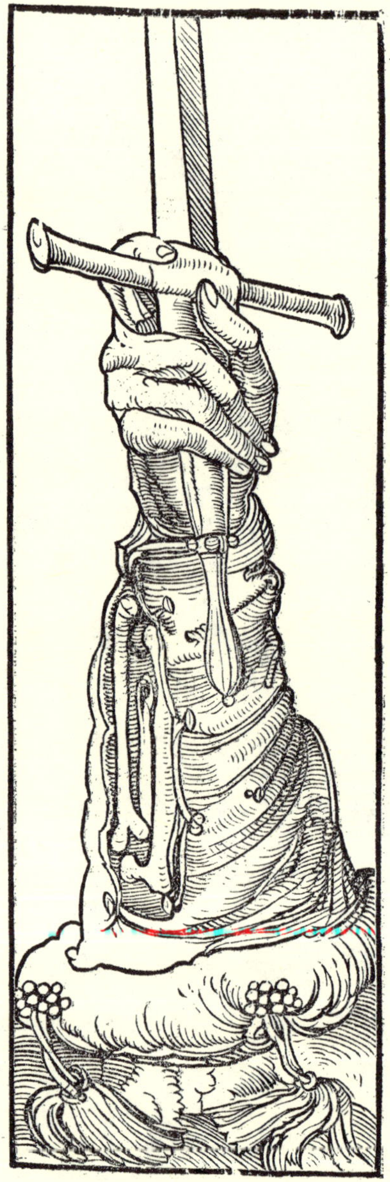

Zcum neunden/Ein sil-
bern arm mit einem schwerte
Dor Inne ist/Ein arm sancti
Vrsi des heerfurers in der ge=
selschafft sancti Mauricij/vñ
sunst zwu rören auß der gesel-
schafft sancti Mauricij.

Sũma.iij.partikel.

Zcum zehenden / Eyn silbern Monstrantz/ Im tabernakel ein vergultes sant Augustins bild/ Dorinne ist ein ribbe von sant Moritz/ vnd ein röre von ym.

Sūma. ij. partickel.

Item eilfften/ Ein ſil-
bern ſant Lorentz bild/ Dor-
ynne iſt von ſeiner hirnſcha-
len. Drey ſchöner partickel
võ ſeinem arme. Zwen groß
partickel von ſeinen rören/
iiij. groß partickel võ ſeinen
ribben. Zwen gantz finger/
ij. partikel von ſeinem blut/
lxxxvij. andere partikel von
ſeinem heiligẽ leichnam. Võ
ſeinem Leviten rock. Vom
roſt dorauff er gebraten. Võ
kolen doruber er geröſt. iij.
partikel. Ein zan vom hei-
ligẽ babſt Sixto. Vom arm
ſancti Sixti. Vnd ſunſt. viij
andere partickel von ym.

Summa hundert vñ
xvij. partickel.

Zcum zwelffte/Ein langer ſilberner ſarch mit der hiſtorien der.x.thauſent rittern/Dorinne iſt/Ein gãtzer kinback mit.vi. zenen võ ſant Achatio.vij.ꝑtikel. Ein knoch eins ſchenckels võ ym. Sunſt võ ym andere.iiij.ꝑtikel/xiiij.rören võ armen vñ beynen der.x.thauſent rittern. Ein kinback. Ein gros ſtuck eynes ſchulterbeins võ ym. Ein finger võ ym. Zwey ribbenſtuck võ ym. Ein rörenſtuck von ym. Ein gros ſtuck eins gewerbs ader gelengks võ yn/ccc.hũdert vñ.lij.andere ꝑtickel võ ynen. ij.nagel domit ſie angeheft vñ gemartert ſein. Ein mergklich ſtuck bluts von yn. Von s. Steffan. Ein beyn einer armrören ſant Emerichs könig zu Behmen. Ein arm Abundij des merterers. Ein armrör võ ſant Gereon. Võ ſeinem ſchulterbeyn/ Võ haubt eines auß ſeiner geſelſchafft. Vom kinback ſancti Blaſij mit einẽ zan. Võ ſeiner armrör.ij.ꝑ. Ein zehe võ ym Sunſt ein ander ꝑti.võ ym. Drey rören võ den dreyen heiligen Cancio/Canciano/vñ Cancianilla/ij.treflich ſtuck vom arm ſancti Amandi des biſchoffen vnd merterers/ij.ſtuck von der hirnſchalen s. Ponciani des merterers. Ein ander ſtuck von seinem arm. Zwey treflich stuck von den armen des heyligen babsts Vrbani. Ein kinpack mit einem tzan des heiligen Eustachij/ij. gros partikel von seinem arm. Ein stuck vom haubt sancti Ruffi. Vom haubt sancti Palmacij. Vom haubt sancti Ponciani. Vom arm sant Steffans des babsts ein schön partikel. Ein schön gros armröre des heiligē Eracliani. Ein röre von sant Quiriaco. Ein armröre sancti Maximini Ertzbischouen zu Trier/ij. stuck vō den heiligen Sergio vn̄ Bacho Vom arm des heiligē merterers Vincencij. Vom arm des heiligen Alliani. Von der ribben Abundij. Vom schulterbeyn sancti Valerij.

Sūma. cccc. xxvi. partickel.

Item dreytzehenden / Ein silbern Pulpt/Dorinne ist ein gantze handt mit allen glidern haud vnd fleisch von sant Hilario dem heiligen bischoff vñ merterer. xxi. partikel. Von sant Exuperio auß der geselschafft sancti Mauricij. iij. gros prtikel Zwu rören von sant Vrso/ ij. partikel von sant Victor. Sechß gros partikel vō heuptern vñ armen auß der selbē geselschafft Von sant Candido auß ynen. Ein gros ander knoch von ym Ein tzan vñ kinbacken vñ ein ribbe von yn/ vij. andere partikel von yn. Ein rugkbein von yn/ vi. partickel von armen auß yn/ lxx. andere partikel von yn. Ein stuck eins haubts von yn. iij. stuck von haubtern auß der geselschafft Maurorum. Ein stuck eins armes von yn/ iij. andere partickel von yn/ iiij. treffelich partikel Prothi vnd Jacincti. Ein gantzer knoch des gewerbs ym diche von sant Marcello. Ein groß stuck von sant Mercurio / der den abtrinnigen Julianum getödt. Ein groß merglich stuck vō sant Cirillo Bischouen zu Alexandria. Ein rugkbein von sant Innocentio. Ein arm des merterers Bartholomei. Vom arm des merterers Hippoliti. ij. partikel/ iiij. stuck vom haubt sancti Barachij. Ein schön stuck einer rören sancti Blasij. Zwen ander partikel vō sant Blasio. Vom haubt sancti Nicomedis. iij. partikel. Vom haubt des babsts vñ merterers sant Steffans. Vom haubt sancti Aurelij bischoffs vñ merterers. Ein arm des heiligē Castarij. Ein arm des pristers vñ merterers Vuencij. Ein arm des heiligen Floriani. Ein arm Alexandri des merterers Ein ribbe des heiligen merterers Fabiani. Ein ribbe des heiligen Feliciani. Ein gātze tzehe von sant Geruasio. Ein groß stuck vom pantzer sancti Wenceslai/ vi. andere partikel von ym. Ein gantz ribbe sancti Roperti. Hawt vñ fleisch mit einē gelengk vō lingken schenckel des heiligen Roperti. iij. partikel. Ein arm des heiligen Geruncij bischoffs vñ merterers. Ein tzan vñ kinback von sant Geruncio. ij. partikel. Ein kinback des heiligē babsts Clementis. Ein tzan von ym. Funff stuck von seiner armrör. ij. ander partikel von ym. Zwen partikel vom haubt sancti Blasij. Ein tzan des heiligen Blasij/ iiij. partikel von seinem arme/ Zehen

andere partickel võ seinem ley
be. Ein schöne röre võ sant
Vrbano/iiij. andere partickel
võ ym.ij.ptickel võ sant Eu
stachio/ij.partickel von sant
Gereon. Von sant Abundio
Võ sant Panthaleon. Võ s.
Huperto. Vom heiligẽ babst
Martino. Võ sant Quirino
ein schön stuck. Ein groß p
tickel von sant Erasmo.

Sũma.cc.vñ.xvi.ptickel

Zcum.xiiij. Ein silberner
sant Cristoffel/Dor Inne ist
Vom haubt sancti Cristofe
ri.iij.ptickel/ij.ptickel võ sey
nen tzenen Vom schulterblat
dorauff er Christũ getragen
ein groß ptickel Siben grosse
ptickel võ seinen armen vnd
rören. Ein groß stuck võ sey
nem schinbeyn. Hundert vñ
sechß andere partickel seines
heiligen gebeynes.

Summa hundert
vnd.xx.partickel.

Zeum.xv. Ein silbern mõ strentzlein/Dor Jnne ist Ein zan von sant Cristoffel.

Sũma.j.partickel.

Zeum.xvi. Ein groß rond silbern vbergult Pacem/ zu rugck mit einer perlenmutter Dor Jnne sein/ Vom arm Pã thaleonis .viij. grosse stuck/ Ein finger des heiligen mer terers Colomãni. Võ haubt des heiligen Pancracij Vom arm sancti Vitalis/vi.ptikel. Võ sant Trophino. Võ sant Rustico. Von der hirnschal sancti Cosme. Von dem heili gen merterer vnd ritter Pro= cesso. Von sant Felix vnd Adaucto.viij.partickel. Von sant Constantio.ij.partickel. Sechs partickel von sant Cosma vñ Damiano. Von der ribbe sant Winnibalden. Von dem heili= gen merterer Anthonio. Von dem heiligen Sulpitio vñ Se= miliano.ij.ptickel. Võ sant Martinian ritter vñ merterer. Võ s. Faustino ritter vñ merterer. Võ s. Tiburtio. Võ s. Dedane dẽ heiligẽ merterer. Võ sant Lamprecht bischoff vñ merterer.

Von sant Calixto dem babst vnd merterer. Von sant Cassiano. Von einer ribbe sancti Bassiani bischouen zu Cremen.

Summa. xlvij. partikel.

Zcum.xvij.Ein silbern brustbild sancti Sebastiani/ doryn ist / Eyn schön gros stuck võ seinẽ haubt/ ij.finger võ ym.Zwu armrören võ ym Ein stuck võ einer ribben von ym. Von seinem hare/vnd sunst .xxix. partickel von seynem cörper.

Sũma.xxxvi. partikel.

Zcum.xviij.Ein silbern gantzes stehend bild des heiligen merterers Sebastiani/Dor Inne ist obin auff dem bawme võ seinem hare. Im bild von seinem cörper.iiij.stuck.Võ seinem arme.iij.partikel. Funff andere ptikel võ seinem cörper.Aber von seinem hare.

Summa .xiiij.ptikel.

Zcum.xix.Ein silbern sant Fabians bild/Dor Inne seyn vi.partikel von ym

Summa.vi.partikel.

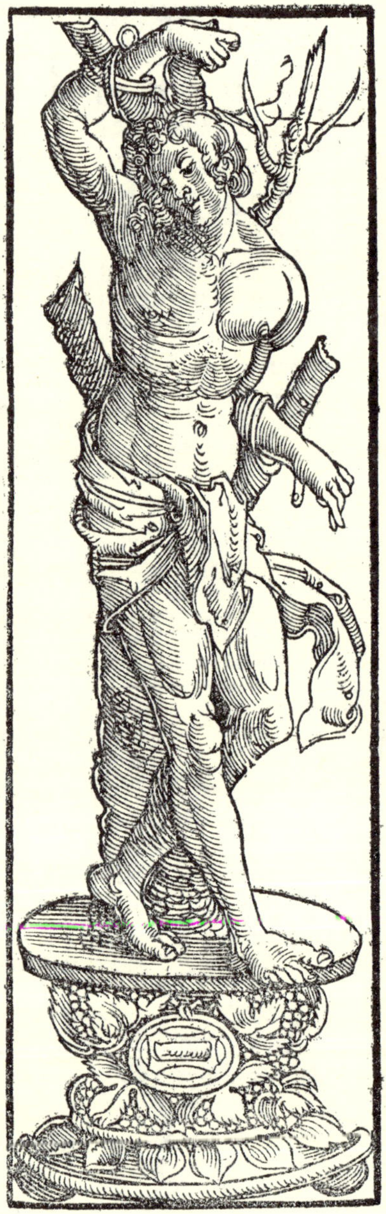

Zcum zwentzigſten/Ein groſſer ſilberner ſarch/doran auff
itzlicher ſeyten.iiij.außgetribene bilde/Dor Jnne ſein/Der coͤr
per des heiligen Modeſti/vnd ein ſchoͤn teyl ſeins bluts.Der
coͤrper vnd das haubt des heiligen Quiriaci/der zuuoran Ju
das geheiſſen/vnnd ſant Helenen angetzeigt wu das heilige
creutz gelegen hat.

Summa.iiij.partickel.

Zcum einvnd zwentzigsten / Eyn silbern brustbild des heiligen Modesti / Dor Inne ist / Seyn haubt mit dem kinback / Vnd ein schön stuck von der hirnschalen sancti Ottonis.

Summa.iij. partickel.

Zcum.xxij / Ein silbern sant Georgen bild / Dor Inne sein ij.zcene von sant Georgen. Ein halbes glid eins fingers von ym. Ein halber finger von ym. Ein gantzer finger von ym / Neun partikel von seinen armen / ij.partikel võ seinen ribben / xliij.andere partikel von seinem corper / ij.gros partikel von seinem hembd / ij.partikel von seinem blut. Von seinem banyr ij.partikel von seinem gurtel. Vom heiligen Theodoro seinem bruder.

Summa.lxvij.partickel.

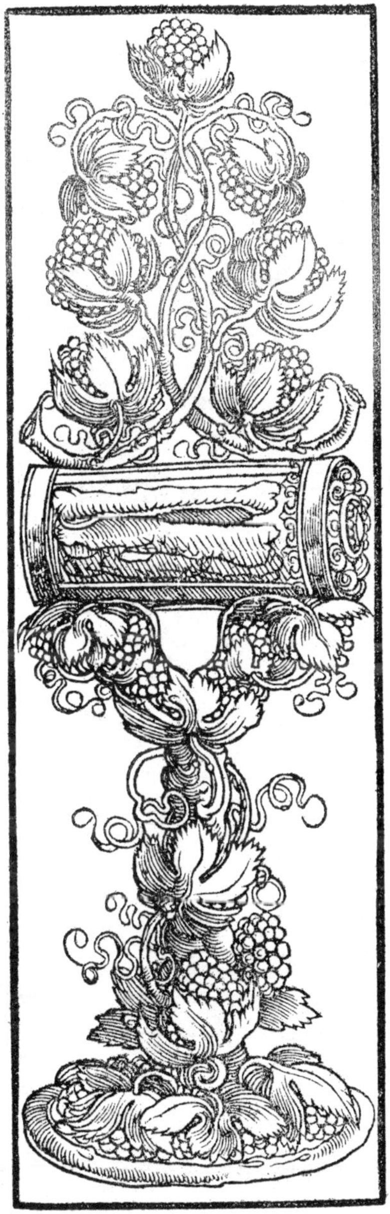

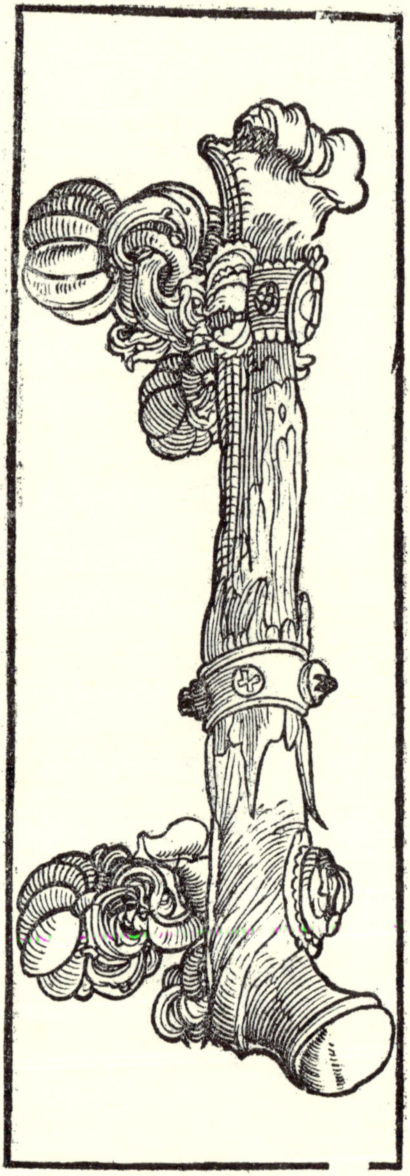

Zcum .xxiij. Ein silbern Monstrantz mith Erdberen/Dor Inne ist/ ein finger von dem heiligen Ritter vnd merterer sancti Georgij.

Sũma.j.partickel.

Zcum vierundzwenzigsten/Ein armrör des heiligen ritters vnd merterers Georgij/In silber gefasset.

Sũma.j.partickel.

Zcum funffvndzweczingsten. Ein silberne wyge/Doryn ist heiligtumb von den vnschuldigen kindlein. Ein hirnschal mit dē heutlen.ij.partikel. Ein hirnschal mit zweyen kinbacken.iij.partikel. Zwentzigk partikel von yren heuptern. Drey ser kleine zcen von yn. Ein schulterbein. Drey finger von yn/viij. ribben von yn. Neun armrören von yn/lxxxi.andere partickel von yrem gebeyne. Vier partikel von yrem blut. Zwen partikel von yrem begrebnus. Ein partikel vom borne doreyn sie geworffen.

Summa hundert vnd.xxxvij.partikel.

Zcum sechßvnd-
zwentzigsten/Ein sil-
bern brustbild mit ey-
nem krantz/Dor Inne
ist das gantze hawbt
des heiligen Achacij/
d ein Furst vñ Haupt
man gewest ist der ze
hentausent ritter. Ein
mergklich gros stuck
vom haubt sancti Cri
stoferi. Zwen ander p
tickel võ sant Cristof-
fel. Ein armrôre auß
der geselschafft sancti
Achacij.

Summa. v. partikel.

Jtem.xxvij.Ein mittelmessiger silberner arm/Dorynn ist/Ein arm vō sant Vincencio dem merterer/iiij.partikel von sant Faustino vñ Sabino. Von sant Colonato. Vō heiligen priester Polemio Vō sant Pancratio. Vō sant Romano mönch vnd merterer. Von sant Romano ritter vñ merterer. Von sant Agapito Von sant Valerio/ij.partikel von sant Marcellino vñ Petro/ij.partikel von sant Epimachio vñ Gordiano.

Sūma.xvij.partikel.

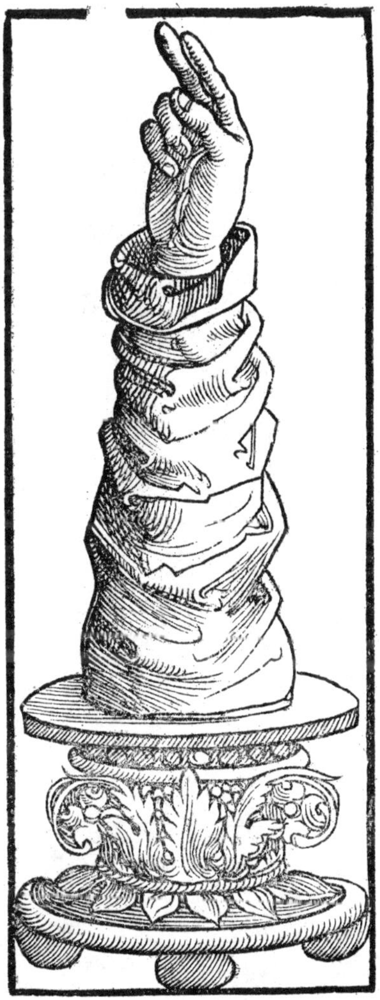

Jtem.xxviij.Ein silbern Monstrantz mit einem langen berill/Dor Inne ist/Ein rugkbein von sant Theodoro merterer. Ein armröre von sant Albino merterer. Von sant Asteriolo merterer. Von sant Nasario merterer. Vō sant Celerino diacon vñ merterer. Von sant Totnano merterer. Von sant Poncratio merterer. Von sant Panthaleons arme.ij.partikel. Vō

ſant Coſma vñ Damiano.ij.
partikel. Von der ribbe ſancti
Quirini biſchoff vñ merterer
Vom heiligẽ Apollinari.ij.p̱
tikel. Võ s. Johans vñ Paul
ij. partikel. Von s. Criſanto
vñ Dario.ij.p̱tikel. Von ſant
Quintin.ij.p̱tikel. Von s. Ti-
burtio vñ Valeriano.ij.p̱tikel
Von s. Canciano. Ein zcan
vom heiligen Cõſtantio. Võ
haubt ſancti Cõſtancij. Von
s. Theodoro. Von s. Malu-
ſio. Von s. Colomãno. Võ s.
Euentio. Von s. Romano.
Von s. Juſtino. Von s. Flo-
rentio.ij.p̱tikel. Von s. Tibur
tio. Von s. Geruaſio. Von s.
Albino. Von s. Staniſlao.
Vom heiligen Caſſiano. Võ
ſant Clement. Von s. Colum-
bano. Von s. Ruprecht. Von
ſant Blaſio. Võ s. palmatio
Vom haubt ſancti Vitalis/
ij. ſtuck. Von s. Erio. Von s.
Quirin Võ s. Pancratio. Võ
s. Criſtino. Vom rock ſant
Peters prediger ordens. Von
ſant Donat. iij. partikel. Von
s. Alexandro. Von s. Adrian.
Vom heiligẽ Engegio koͤnig
vnd merterer.

Sũma. lvi. partikel.

Zcum .xxix. Ein silbern bild
des heiligen Adalberti / Dor
ynne sein .viij. ꝑtikel von sant
Adalbrecht. Vom haubt des
heiligen Dionisij .ij. partickel
Ein kinback mit zweyen zce-
nen vō ym .iij. ꝑtikel. Ein an-
der stucklein seins kinbacken
Ein ander zcan des heyligen
Dionisij. Von seinē schenckel
ein schön stuck. Vō seiner rib
ben / xviij. ander ꝑtikel vō sey
nem cörper. Vom cleide / gur
tel / hutte / vñ Casel des heiligē
Dionisij / iiij. ꝑtikel. Ein schö
ner partikel auß seiner gesel-
schafft. Von sant Nicomede
ij. partikel. Von sant Gereon
Von sant Kilian. Von sant
Gangolff. Von sant Ciriaco
Vō sant Tiburtio. Ein ribbe
von sant Bassiano bischoff
vñ merterer. Von sant Mari
no bischoff vñ merterer. Vō
sant Blasio. Von s. Pantha
leon. Vō s. Pancratio. Vom
heiligē Hermone. Vō s. Adri-
an. Vō s. Donat. Vō s. Colo
māno. Vō haubt des heiligē
Felicis. Vō s. Ennone. ij. ꝑti.
Vō sant Sergio vñ Bacho.
Vō haubt sancti Eleutherij
des bischoffs / vij. ꝑtikel von
den .vij. brudern.

Sūma. lxxiij. partikel.

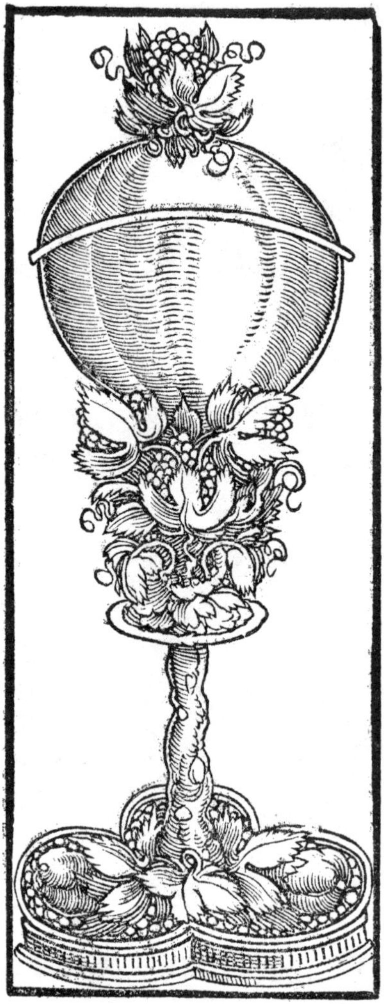

Jtem xxx. Eyn silbern vbergult kleynot / obin wie ein birne/Dor Jnne ist/ Ein gros stuck võ einer huffe des heiligẽ Hippoliti. Ein gros stuck võ der ribbe sancti Dionisij. Von der riben Panthaleonis ein gros stuck/ij.andere partikel von sant Panthaleon/ij.partikel võ sant Vincentz/ij.partikel von sant Ciriaco/ij.partikel võ s. Wentzel/ij.partikel võ sant Cosma vñ Damiano/ij.partikel võ sant Johans vñ Paul/ij.partikel võ s. Veit. Vom haubt sancti Donati. Von s. Floriano kŏnig vnd ritter. Von s. Cesario. Von s. Anastasio. Von sant Sigmund. Võ s. Eustachio. Von sant Anthonino bischoff vnd merterer. Von sant Abundio. Von s. Januario. Von s. Cassiano. Von s. Lucio. Von s. Emendo Von s. Pancratio. Von sant Peregrino. Von s. Ponciano. Võ sant Georgen. Võ eym schulterbeyn eines auß den .x. thausent rittern. Von sant Rethildo.

Summa.xxxv.partikel.

Item.xxxi. Ein vbergult Monstrentzlein / mit dreyen helffenbeinen bildlein / Dorynne ist vom heiligen creutz / Von sant Cristoffel / Von s. Sebastian / Von sant Georgen hembd / Vnd sunst.j.partikel heiligtumbs.

Sūma.v.partikel.

Item.xxxij. Ein silbern sant Valentins bild / Dorynne ist / Von der hirnschalen sancti Valentini / Vō seinem arme / Ein gelengk von ym / Vō seinem rugkbein / xiiij. andere partikel von ym / Von s. Vincentz / Vō sant Leodegario / Von sant Sigmund kō- nig vnd merterer / iij. partikel von den ritterlichen cleidern Cancij vnd Cancianilli / Vō schulterblat sancti Canciani Vom haubt sancti Peregrini Zwen partikel von sant Valeriano / Vom kinback sancti Blasij / Zwen partikel von sant Protho vnd Jacintho / Von sant Simplicio ritter / Von sant Erino / Von sant Anthonino / Von sant Alexandro / iiij. partikel vom haubt Albani / Von s. Firmo / Vom heiligen Felice

ij.partikel von ſant Cōſtan
tio. Von ſant Hipomario.
Von ſant Kilian. Vō ſant
Gereon. Von ſant Ciriax/
Von der geſelſchafft Caſſij
Vō ſant Paulin dem biſch
off. Vō ſant Sabinian. Vō
den haren ſancti Floriani.
Von ſant Jgnatio/ij.par-
tikel von ſant Vrban. Von
ſant Florentio. Von haren
ſant Peters prediger ordens
Von ſant Euplo ewange-
lier/ij.partikel von ſant Ab
don vnd Sennen/Vō ſant
Lauriano. Von s. Kilians
kleyde dorin er getödt mit
ſeinem blute. Vō ſant Vito.

Summa.lxiiij.
partikel.

Item zum dreyunddreyssigsten. Ein silbern brustbild des hey ligen sancti Valentini/ Dor Inne ist ein gros partikel von sey nem heiligen haubt.

Summa.j.partikel.

Zcum.xxxiiij. Ein greiffs klaw in silber gefaßt vnd vber
gult/obin sant Moritz bild/Dor Inne sein.iij.rören auß sant
Moritzē gesellschafft. Ein gros stuck vom schulterblat sancti
Cristophori. Zcehen partikel von sant Fabian vñ Sebastian
Ein röre von sant Valentin.

Sūma.xv.partikel.

Zcum.xxxv. Ein silbern reitender sant Moritz/Dorinne ist/Vom heiligen Secundo auß der geselschafft sancti Mauricij. Von sant Victor.ij.partikel. Von der geselschafft sancti Mauricij ein ander partikel/iiij.partikel võ sant Johans vñ Paul. Von s. Wentzel. Von sant Theodoro. Von sant Blasio. Von sant Hippolito.iij.partikel. Von s. Donato. Von s. panthaleon. Von sant Lamprecht/ij.partikel von s. Ciriax. Von haren panthaleonis. Von sant peter prediger ordens/ij.partikel von sant Vrban. Von sant Alban. Von den socken sancti Thome von Candelberg. Von sant Ruprecht. Võ sant Cassiano. Von sant Valeriano.ij.partikel/ij.partikel võ sant Cosma vñ Damiano. Von sant Castorio.

Zcum.xxxvi. Ein silbern sant Erasmus bild/Dor Inne sein ij.schõn partikel vom arm sancti Erasmi/vij.ander partikel von seinem leybe. Vom haubt des heiligen Viti. Von seyner ribbe/xxviij.andere partikel seins gebeynes. Von sant Carpasio. Von der hirnschalen sancti Venancij. Von s. panthaleon Von sant Adrian/ij.partikel von sant Eustachio. Von sant policronio merterer. Von sant Jacob dem merteeer. Võ sant

Clement Von ſant Ruprecht
ij.partikel von ſant Johans
vnd Paul. Von ſant Alban
biſchoff. Von ſant Ignatio.
Vom haubt ſancti Hermolai
ij.partikel von ſant Damia-
no. Von ſant Trophino / ij.
partikel von ſant Sabino vñ
Latino/ij.ptikel von s. Bla-
ſio. Von ſant Apollinari/iiij.
partikel von ſant Vrban/ij.
partikel von ſant Hermogene
vñ Fortunato/ij. partikel vō
ſant Vincentz. Von den heili
gen Machabeyern.ij.partikel
Von ſant Magno.ij. ptikel.
Von ſant Cornelio. Vō ſant
Panthaleon. Von ſant Juſti
no. Von ſant Coſma/ij.par-
tikel vō ſant Euſtachio. Vō
ſant Criſpiniano. Von der
Stola des heiligen Kiliani.
Von ſant Wernhero. Vō s.
Wentzel. Von haren des hey
ligen Panthaleonis /ij.ptikel
von ſant Albino. Von der er
den do gemartert iſt ſant Pe
ter prediger ordens/ij.ptikel
von ſeinem rogck mit blut be
ſprengt. Von ſant Kilian.

Summa hundert
vnd.iij.partikel.

Zcum sibenvnddreyssigstē/ Ein weiß silbern monstrantz en mit.iij.glesern.Dorynne ist Ein dawme des heiligē Erasmi. Ein finger der heyligen Jungfrawen Agnetis. Eyn finger von sant Maria Magdalena.

Sūma.iij.partikel.

Zcum achtvnddreyssigsten/ Ein silbern vergulter finger/ Dor Inne ist/ Ein finger des heiligen merterers Vincencij.

Summa.j.partikel.

Zcum. xxix. Ein silbern mon-
sträꝛtz mit einer guldē kettē/ doryn
ist ein gantz glid von der rechten
hand s. Roperti mit fleisch vnd
hawt. Sūma. iij. partikel.
Zcum. xl. Ein fenlein mit per-
en durchstickt/ Doryn sein. ij. stuck von s. Moritz fane/ ij. stuck
vion sant Georgen fane. Summa. iiij. partikel.

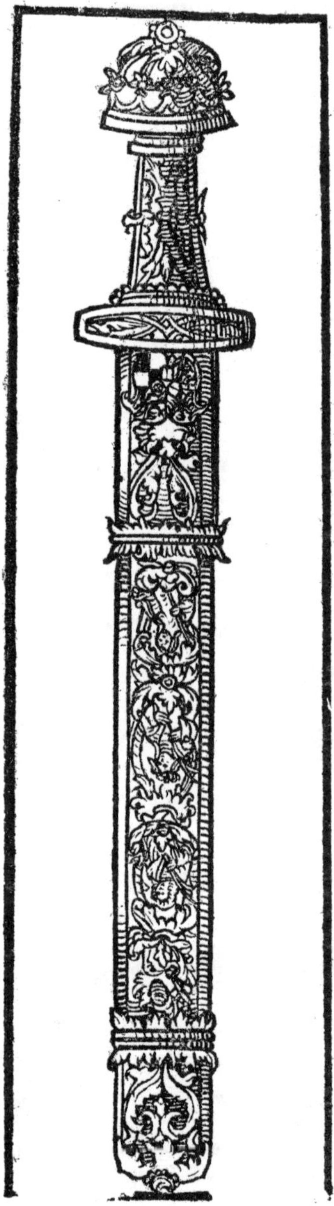

Item.xli. Ein silbern vbergulter kopff obin mit silbern vnd guldenem ertze/Dor Inne ist/Ein gros stuck vom haubt sancti Cosme/iiij.partikel sancti Cosme/iiij. schöne stuck vō haubt sancti Damiani/vñ sunst.x.partikel vō ym.

Sūma.xix.partikel.

Item.xlij. Ein schwert mit einer silbern vbergulten scheyden/domit enthaubt ist die merterynn Felicitas mit yren siben Sönen.

Summa.j.partikel.

Zcum.xliij. Ein schön silbern sant Friderichs bild / Dor Inne ist / Eyn gantze hose sancti Thome von Candelberg/ doryn er gemartert/ij. partikel von seinem cörper/ Ein ptikel vō seinem blute. Ein arm röre von sant Merten dē babst. Ein röre von sant Alexandro dem sone Felicitatis/vnd sunst.ij.partikel von ym. Ein röre von sant Alexandro dē babst/ Ein rugknoch vnd sunst noch ein partikel von ym Funff ptikel von s. Abundo/ij.partikel von s. Albano/ij.partikel von s. Anthonino Von sant Glisio merterer. Von s. Adrian. Vō sant Apollinari. Ein finger vō sant Pancracio Von sant Albino dem ersten merterer yn Engeland.ij. partikel. Vō sant Aquilin Patriarchen zcu Aquilae. Von sant Archelao merterer.

Sūma.xxix.ptikel.

Zcum.xliiij. Ein silbern
vbergult sant Victors bild/
Dor Inne ist ein röre vō sant
Victor. Sunst.ij.partikel vō
ym Ein gros stuck vō haubt
sancti Vincencij. Sunst .vi.
stuck von ym. Ein hirnschal
von sant Vital. Drey ander
stuck von sant Vital. Von s.
Theodolo.ij.partikel/iij.par
tikel von sant Tiburtio vnd
Valeriano. Von sant Viso.
iij.partikel von s. Timotheo
Von sant Apollinari. Vō s.
Theodoro.iiij.partikel/iiij. p̄
tikel von sant Veit. Ein röre
Trani des merterers Von s.
Theophilo. Vom blut Quiri
ni. Vō sant Liuino. Ein arm
rör sancti Pancracij. Von s.
Panthaleon. Ein arm sancti
Valerij /viij. partikel sancti
Primi vn̄ Feliciani. Vō dem
gebeyne Quirini. Ein finger
sancti Peregrini. Vō s. Lam
perto.ij.partikel. Von sannt
Quiriaco. Ein ander p̄tickel
sancti Peregrini/iij.partickel
von s.Quintino/Amando/
vn̄ Vedasto/vij.partikel von
sant Pāthaleon. Zwen schö/
ne partikel von s.Ponciano
iiij.partikel von s.Procopio
v. partikel von s.Pancratio
Ein armröre vō s.Oswald.

Funff andere partikel von ym. Von sant Ladislao. Von sant Vrbano dem babst. Võ sant Paulino. Võ sant Roperto. Auß der geselschafft Mauricij. Vom arm sancti Remaradi. Von sant Peter prediger ordens. Võ s. Peter Exorcist vñ merterer.

Summa.lxxxix.partikel.

Item.xlv. Ein silbern vbergult haubt/ Dorynne ist/ ein schõn stuck vom haubt Gereonis. Ein armrõre von ym/ij.ptikel võ seinen ribben/ viij. partickell sunst von seinẽ cõrper. ij.partikel von seynem blute.xxix.partikel von seiner geselschafft/ iij. grosse partikel auß sant Moritz geselschafft/ iij. schõne partikel von s. Exuperio eym mit/ gesellen sant Moritz/ iiij. andere ptikel auß d geselschafft Mauricij. Võ sant Ereneo bischoff vnd merterer.

Sũma.liiij.ptikel.

Zcum xlvi. Eyn silbern brustbild sancti Clemētis/ Dorynne ist Ein merglich hirnschal von sant Clement Ein kinback võ ym/ viij. andere partikel seins gebeynes.

Sūma.x.partikel.

Zcum.xlvij.Ein vbergult brustbild sancti Jgnacij/Dorynne ist das gantz haubt des heiligen bischoffs vñ merterers Jgnacij/des ynnigen sant Johannis vnd vnser lieben frawen Capellan.

Summa.j.partikel.

Zeum.xlviij.
Ein vbersilber
ter sarch mith
eim B gezeich
ent/Dorinn ist
Ein hirnschal
mit.vij. ande-
ren merglichñ
stucke auß der
gesellschafft
des heyligenn
Achacij / Hat
Babst Julius
Ertzbischofen
Ernsten gege-
ben. Von sant
Augustin dem
merterer.viij.
partikel/ij.par
tikel von sant
Constantz vñ
Alexãdro/ Võ
s.Justino Ein
arm sancti Flo
recij/ ij. grosse
stuck võ arme
sancti Flauini
Vom haubt s.
Visi / ij. ptikel
von s.Epima
cho vnd Gor-

diano/ij.partikel von s.Panthaleon/ij.partikel võ s Protho
vnd Jacintho/ij. partikel vom heiligẽ Felicissimo vnd Agapi
to. Vom haubt s. Cassiani. Vom rugkbein sancti Malisij /
v j.partikel võ den siben Machabeyern. Võ sant Albino. Võ

der hirnschalen sancti Nonnosij mo̊nchs vñ merterers. Von sant Constantio. Von sant Luciano. Vō sant Trophino. Vō sant Donato/ij. partikel vom zurschnitten sant Jacob merterer. Von sant Hermes. Ein ribbe sancti Theodori. Von sant Gangolff. Von sant Hippolito. Von sant Foriano/ij. partikel vō der kappe vñ herenhembd sancti Vincencij prediger ordēs Von s. Caculiano. Von s. Pancratio. ij. partickel. Vō der Casel sant Kilians. Vō der geselschafft Gereonis. Vō s. Hereneo Von s. Romāo. Vom darm s. Hippoliti. Von s. Apollinari

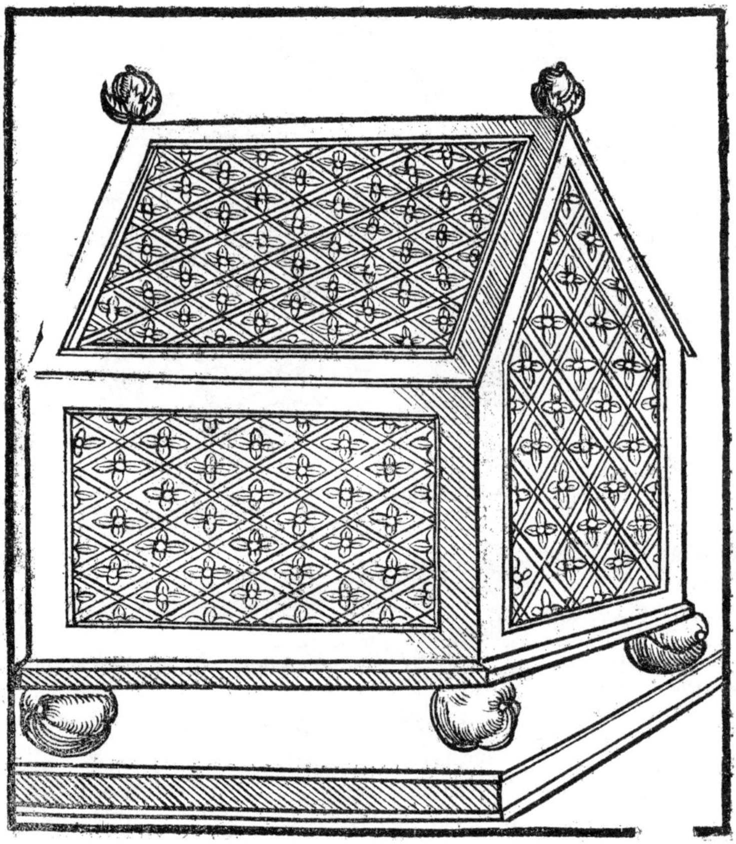

Von ſant Eutropio. Von ſant Prothaſio. Von ſant Steffan könig zu Vngern/iiij.partikel von ſant Coſma. Von der geſelſchafft Caſſij.ij.partikel. Von ſant Macrobio.iij. partickel. Von ſant Ruprecht. Von ſant Quintin. Von ſant Candido Von ſant Tectrian prieſter zu Britannia. Von ſant Albano. Zwen partikel von ſant Vincentz. Vom grab Vincencij. Ein gros ſtuck von einer rören ſancti Valentini. Vom haubt ſant Proiecte/ Vom haubt des heiligen Magni. Vom haubt des heiligẽ ritters Juſti. Ein haubt auß ſant Moritz geſelſchafft Ein haubt vnd.ij.ſchalen von der ſchar der.x.thauſent ritter Ein haubt auß der geſelſchafft Maurorum. Ein haubt des ritters ſant Henrichs. Ein haubt auß der geſelſchafft ſancti Aurei des merterers vñ Ertzbiſchoffen zu Mentz. Das haubt Dodine Adriani auß der geſelſchafft Thebeorum/dorynne ein ſtuck eins ſtrals ſteckt.ij.partikel. Vier mergliche ſtuck auß der ſchar der.x.thauſent rittern. Ein lange röre vom heiligen patricio. Das haubt ſancti Florencij/welchs in.xiiij.ſtuck gebrochẽ. Ein gros ſtuck võ ſant Feliciano merterer. Ein gros ſtuck von ſant Leone babſt. Vom haubt ſancti Ludegeri biſchoffs. Ein gantz glid des rugknochens der heiligen Maurorum. Von ſant Gothart vnd ſant Bernwardo beyde biſchoffe zu Hildeßheym/ij. ſchön partikel von ſant Theoderico. Von ſant Epiphanio biſchoff zu Paris. Von ſant Blaſio.

Sũma hundert vñ.xxix.partikel.

Zcum.xlix. Ein sarch/dor Inne leyt ein gantzer vnuerwesener cörper eins vnschuldigē kindes/Dorynne auch obin ym dach ein haubt eins vnschuldigen kindes/doran ein wunden vnd blut gemarckt wirt.

Summa.iij.partikel.

Zcum funfftzigsten/der cleiner vbergulte sarch/Dor Inne ist/Der cörper sancti Laurentini. Ein stuck des haubts sancti Valentini. Ein ander stuck sancti Valentini mit brieffen des Priors zu Ruffach / vnd der Regenten vnd Stadhalter ym Elsatz. Sunst andere.iij.partikel vō ym. Ein gantze hüfft auß sant Gereons gesellschafft.

Summa.vi.partikel.

Jtem.li. Ein helffenbeynen sarch. Dorynne ist das gantze haubt sancti Ponciani/ Sein arm/ vñ sunst ein ptikel von seynem cörper. Ein nagel domit er gemartert.

Summa.iiij.partikel.

Zcum.lij. Der gröste vergulte sarch mit dem Engel. Dor ynne ist/das haubt vnd gantzer cörper sancti Winibaldi auß der geselschafft sancti Mauricij.ij.partikel. Ein gãtzer cörper auß der geselschafft sancti Aurei merterers vnd Ertzbischoffen zu Mentz. Der cörper Creatoris sant Gereons bruder gewest/vnd ein fenrich seiner geselschafft.

Summa.iiij.partikel.

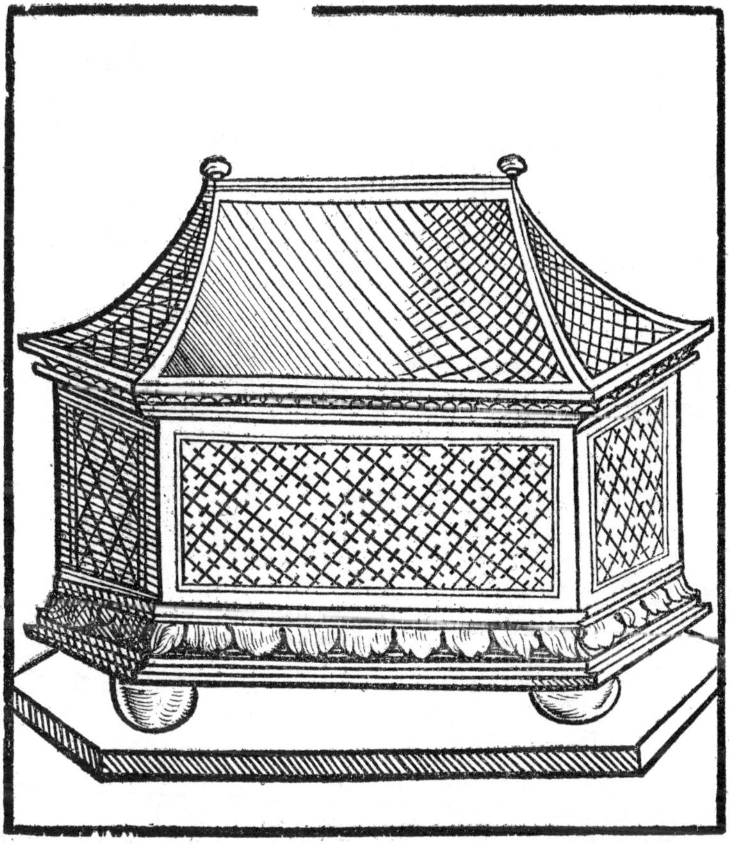

Zcum.liij.Ein vbergulter ſarch mit dem buchſtab D ge
zeihent. Doꝛ Inne ſein/Der coͦper des heiligen Cōſtancij.Der
coͤꝛper Juſtini pꝛieſters vn̄ merterers.Der coͤꝛper Jouiniani.
Ein gros ſtuck vō ſant Aureo dem ſechſten Ertzbiſchoff zu
Mentz.Ein finger von ym.Ein ſtuck einer ribbe vō ym/vnd
ſunſt ein ptikel vō ym/xi.groſſe roͤꝛen auß der geſelſchafft ſanc
ti Aurei.Ein haubt des heiligen Heriberti merterers vn̄ biſch
offs zu Coͤln.Vō ſant Valerio ein gros ſtuck.Ein groſſe arm
roͤꝛe auß der geſelſchafft Cancianorū.Ein gros ſtuck des hei-
ligen Hireonis·Ein gros ſtuck vom haubt des heiligen Hip-

politi. Võ der erden do er auff gluenden kolen gegangen. Das haubt Malusij. Drey ſchöne ſtuck von s. Clemens. Ein gros ſtuck vom haubt ſancti Marciani/ij.ſtuck vom haubt ſancti Caſſiani. Vom haubt ſancti Herculani/ij. partikel von ſant Benedict vnd Felician merterern. Von s. Innocentio. Funff zcene von ſant Silaſio. Von ſant Caſſiano.ij.partikel. Von s. Marcello. Von den.x.thauſent rittern. Von ſant Saluio diacon/Vom haubt Herculani. Võ ſant Germano. Võ ſant Calixto dem babſt. Von ſant Ciriaco/ij.partikel von ſant Caſſio vnd Pio. Von ſant Clement/ij.ſchöner partikel von ſant Cipriano. Ein finger ſancti Eraſmi. Võ ſant Floriano/vij.partikel von den ſiben brudern. Von ſant Euſtachio.ij.partickel. iiij.partikel von ſant Felix vnd Adaucto. Von ſant Modeſto ij.partikel von ſant Cornelio vnd Cipriano. Von der kappen ſancti Vincencij/ij.partikel võ ſant Felix vñ Agapito/ij.finger der beyden Ewalden/ij.partikel võ ſant Geruaſio vñ Prothaſio. Von ſant Steffan. Von ſant Colomãno. Von ſant Cirillo. Von ſant Gumperto ein gros partikel. Ein ribbe ſancti Cipriani. Ein finger Ciriaci/iij.ſchöne partikel von ſant Conrad dem könig. Ein gros partikel von ſant Eleutherio. Von ſant Saturnino. Võ ſant Panthaleon ein gros ſtuck. Von s. Vrban. Võ ſant Seruacio.ij.partikel. Von ſant Sergio. Võ ſant Sebaſtian.ij.ptikel. Võ ſant Martino dem babſt. Vom haubt Vicenncij. Von ſant Geneſio. Von ſant Succeſſo dem bruder ſancti Geneſij/ij.partikel von ſant Vito vñ Modeſto. Von ſant Naſareo. Von ſant Hilario. Von ſant Januario. Von ſant Jacob Ertzbiſchoff zu Anthiochia vnd merterer. Von ſant Juſto ein ribbe. Von ſant Hereneo. Von s. Adriano Von ſant Ignacio/ij. partikel ſancti Johannis vnd Pauli. viij.partikel von ſant Blaſio/ix.partikel von ſant Hippolito. Vom haubt ſancti Hippoliti.ij.partikel. Von s. Euſtachio. Vom blut ſancti Aurei des Ertzbiſchoffen. Ein gros ſtuck von ſant Chriſogono.

Summa hundert vnd lxxvij.partikel.

Summa des sechsten ganges zwey thausent.iiij.hundert und.ij.partikel

Macht Ablas / Eilfftthausentmal thausent / Funffhundert mal thausent/Eynvnddreyssig thausent/hundert vñ.iij.Jar Zweyhundert/lxiiij.tage.Dortzu thausentmal thausent/neun hundertmal thausent/eynvndtzwentzig thausent/vnd sechß hundert Quadragen.

Der siebend gang Von den heyligen Bischoffen und Beichtigern.

Zcum ersten/Ein silbern
bild des heiligen Augustini
Dorinne ist/Ein gros stuck/
vom haubt des heiligen Au
gustini. Von seiner schulter
ein gros stuck. Von seinem
arm/x. andere partikel seins
gebeins. Eyn schön stuck
vom haubt sancti Adolphi
Zwen finger von ym. Ein
armröre von ym. Von sant
Bernhart ein schön stuck/
iiij. ander ptikel vō s. Bern
hart/viij. partikel von sant
Benedicto. Vō sant Bran-
dano. ij. partikel. Von sant
Baltazar dem könig. j. pti-
kel. Vom hembd sancti Am
brosij/vñ sunst. j. ptikel von
ym/vij. ptikel vō sant Geor
gio. Von sant Willehaldo
Vō sant Wiperto. Vō sant
Wilhelm. Von s. Gothart
iij. ptikel. Von s. Albrecht
Carmeliten ordēs. Vō sant
Brictio. Vō s. Wendel. Vō
sant Traiano. Vō s. Alexio
ein schön ptikel. Vom arme
Winnibaldi. Vō sant Lasa
ri armröre ein schön ptikel.
Sunst funff andere ptikel
seins gebeins/ij. partikel vō
seinem grabe/ij. stuck von s.
Chrisostomo/iij. ptikel von
sant Bernhart. Vom kleyd

sancti Bernhardi. Zwen partikel vom haubt sancti Benedicti. Vom kynne sancti Gregorij. Ein zcan von sant Gregorio. Zwen andere partikel von ym. Von sant Johannes dem almuser/iij. partikel von sant Anthonio. Von sant Alexio. ij. ptikel. Ein zcan sancti Benedicti/viij. ander partikel sancti Benedicti. Von sant Egidio. Vom arm sancti Benedicti. Von der spelūca dorynne er gewonet. Vō sant Wolffgangs arme. Vō seinem haubt. Funff andere partikel von seinem corper. Von sant Sigmunds ribbe/ij. andere partikel von ym/viij. ptickel von keiser Henrich. Ein stuck vom gelengk sancti Marci/der sant Simeonis Capellan gewest ist. Von sant Valerio. Vom rugkbein sancti Arbogasti. Von sant Goaro. Von sant Gallen. Von sant Onoffrio dem Einsidel.

Summa hundert vnd. xviij. partikel.

Zcum andern. Ein silbern sant Wolffgangs bild/Dorynne ist/Vom haubt sancti Seuerini. Sunst. iij. andere partikel von ym. Vom haubt sancti Onofrij/vnd sunst. ij. ptikel von ym. Von sant Otten. ij. schőner partikel. Vō sant Johannes dem almuser ij. partikel. Vō sant Magno. ij. partikel. Vō sant Egidio. ij. ptikel. Vō sant Leopoldo Hertzogen zu Osterreich. ij. partikel. Von seinen cleydern. Von sant Lullo Ertzbischoffen zu Mentz. ij. partikel. Von sant Leonhart. iij. partikel. Von sant Materno. Von sant Fulgentio. Von sant Siluano/ij. partikel von sant Euchario. Von sant Erhardo Vō

ſant Felix. Von ſant Juſto Von ſant Imerio biſchoff. Von ſant Euntio. Võ ſant Sifrido Von ſant Machario dem Einſidel. Võ ſant Malachia biſchoff. Ein finger von ſant Paulino dem Junger des herren. Von s. Jodoco. Vom babſt Leo. Von ſant Richolfo. Von s. Sigeboldo. Vom blute des heiligen Bern hardini. Von der erden do Heribertꝰ der Ertzbiſchoff zu Cöln begraben iſt.

Sũma. xliij. partikel.

Zcum dritten/ Ein silbern Pellican / Dorynne ist/ Ein gantzer finger von sant Niclas/ Ein gros stuck võ d brust sancti Anscharij des bischoffen. Ein gantz gwerb sancti Mãsueti/ ij. partikel võ s. Leonhart. Võ s. Mariano. Von sant Hilario. Von sant Conrado. Võ sant Wolffgang/ Ein zcan võ sant Magno.

Summa xi. partikel.

Zcum vierden/Ein sil-
bern vbergult sant Merteins
bild das keiser Maximilian
vnserm gnedigsten herren ge
geben/Dorinne ist/ein schön
ꝑtikel vō seinē heiligē haubt/
Ein zcan vō ym. Ein glid ey
nes fingers von ym/iij rören
vō seinem heiligen arme/ij.
stuck vō seiner ribben. Von
seinem schenckel. Ein gantze
zcehe von ym. Sunst.xxxviij.
partikel seins gebeines. Eyn
gros stuck von sant Quirillo
dem bruder sant Merteins.
Ein armröre von sant Bric-
cio/vñ sunst.j.ꝑtikel von ym.

Sūma.liij.partikel

Zcum funfften/Ein sil-
bern sant Anthonius bilde/
Dor Inne ist/Von sant Tho
mas von Aquino. Ein arm
von sant Niclas dem bisch-
off. Sunst.iiij.partikel von
ym. Von seinem bart. Von
seinem öel.

Summa.vij.
partikel.

Zcum sechsten/Ein silbern brustbild eyns bischoffs/Dorinne ist/ das haubt des heiligē sancti Johannis Chrisostomi.

Sūma.j.ptikel.

Zcum.vĳ.Ein silbern sarch dorauff sant Jacobs vñ sant Cristoffels bild.Dorynne ist/Vom haubt sancti Burgkhardi Vom haubt sant Otten.Ein arm von s.Seruacio.Ein arm von s. Annon bischoff zu Cöln.Vom arm s.Jodoci.Vom arm s.Erhardi.Vom arm Epiphanĳ.Vō arm s.Theocari. Vom arm s.Theobaldi.Vom arm s.Gothardi.Vom arm s Wiperti sant Ruprechts Capellan.Von sant Leupolts ribbe. Ein ribbe Epiphanĳ.Ein ribbe des heiligen mönchs Moguntini.Vō der ribbe sancti Mariani.Vō der ribbe s.Germani.Vō der brust s.Willibrordi/ĳ.ptikel von sant Cirillo.Ein gros stuck von s.Anthonio dem Einsidel.Vom rugkbeyn s. Justini.Vom schenckel s.Materni. Sūma.xxĳ.ptikel.

Zeum achten / Eyn helffenbeynen serchlein / Obin sant Georgen bild / Doryn ist / Vom bußkleyde des heiligen hartmāni Bischoffs zu Brixen.

Summa j.partikel.

Zeum neunden / Ein silbern vbergult serchlein mit vil patronen / vnd obin mit einem Crucifix. Dor Inne ist / Von sant Lamprecht.ij.partikel / ij. partikel von sant Celestino. Vō sant Siluestro. Von sant Dominico. Von sant Gallen. Von sant Quirico. Von sant Justino. Von sant Oswaldo. Von sant Jodoco. Von sant Wilhardo. Von sant Nicomede. Vō sant Bassaro. Von sant Sennone. Vom grab sancti Lasari.

Summa.xvi.partikel.

Zcum zehenden. Ein sil bern sant Hieronymus bild Dorinne ist/Ein gros stuck vom rugkbeyn des heyligen Hieronymi. Zwen partickel von seinem arme/ix. andere partikel von ym. Von der stadt do er gestorben.

Sūma.xiij.partikel.

Ri

Zcum eilfften sant Vl richs bild silbern. Dor Jnne sein.vij.partikel võ sant Vl richs cörper. Von seiner Ca sel.ij.stuck. Von seiner Sto la ein stuck. Funff partikel von der erden do er gelegen Von sant Wolffgang.

Sũma.xvi.partikel

Zcum zwelfften ist sant Vlrichs Alben.

Sũma.j.partikel

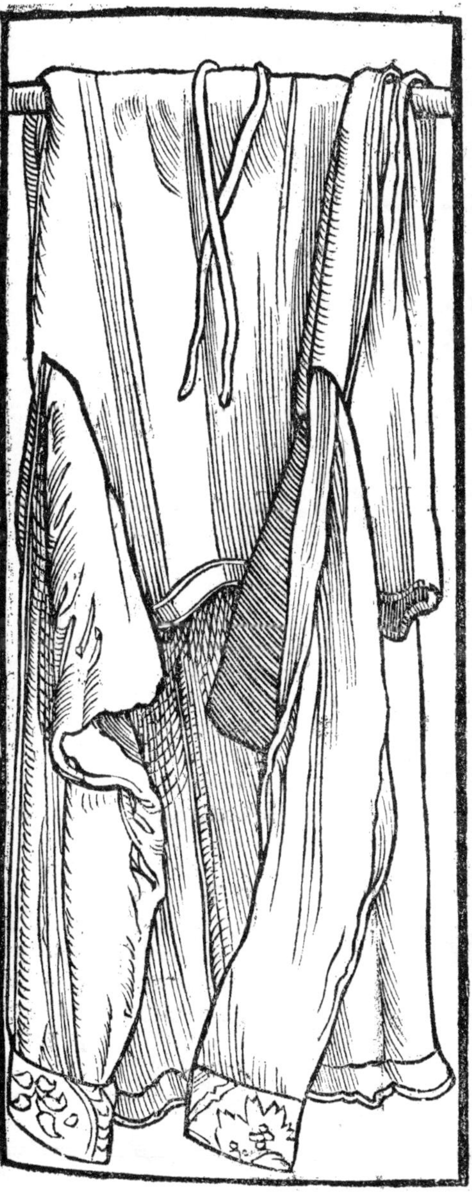

Zcum.xiij. Ein silbern sant Niclas bild. Dorynne ist von sant Niclas haubt. Von seinem zcane. Ein gantzer zcan von ym. Von seinem schulterbein. Von seinem schenckel. Ein finger von ym. Von seiner ribbe/xvi. andere partikel seiys gebeins iij. partikel seins heiligen öls/ij. stuck von seiner Casel. Võ seynen bischoflichen schuhen. Von seinem bischoffs stab. Von seinem grabe.

Summa. xxxij. partikel.

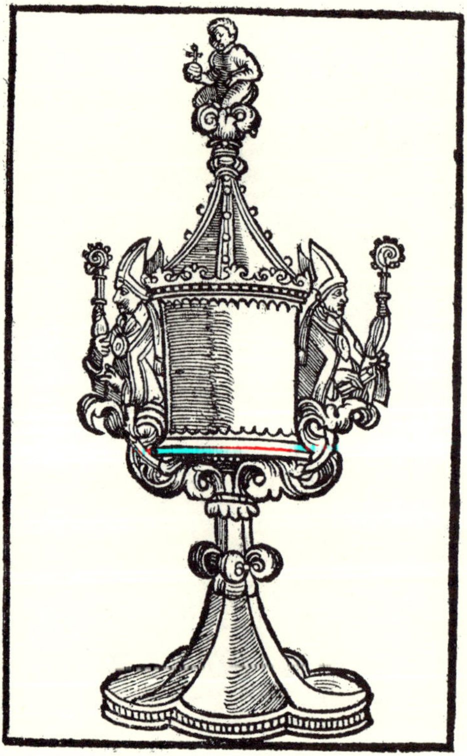

Zcum. xiiij. Eyn kleyn silbern cleynot/ dorauff ein kindleyn Jesus. Doryn ist öel des heiligen Nicolai scheinberlich fliessent

Summa j. partikel.

Jtem.xv. Ein silbern sant Rochus bild/ Dorynne ist Ein treflich schön stuck võ seinem arme.

Sũma.j.partikel.

Jtem .xvj. Ein reytender sant Merten/ Dorynne sein.iiij. partikel vom arm des heyligen Martini.

Sũma.iiij.partikel.

Item.xvij. Ein silbern tafell mit helffenbeynen bilden/ Dorynne sein funff partikel des gebeins sancti Nicolai. Vom hare sancti Nicolai.

Summa.vi.partikel.

Item.xviij. Ein silbern monstrentzlein mit Erdberen/ Dorynne ist ein finger sancti Alexij.

Summa.j.partikel.

Zcum .xix. Ein vber-
gult lenglich Pacem mith
edeln steynen vnd Corallen
Dorynne ist/ Vom grab La
sari ein schön gros stucke.
Zwen partikel võ sant Gre
gorio dem babst. Von den
haren sancti Seruacij Von
der ribben sancti Ludowici
Von sant Egidio. Võ sant
Erhardo. Von sant Leon
hardo. Von sant Willibror
do. Von der kappen sancti
Dominici Zwen partikel võ
sant Oßwald. Võ sant Cle
ment dem babst. Von der Casel sancti Burckhardi. Von den
heiligẽ drey königen .iij. partikel. Vom haubt sancti Mariani
ein Junger gewest sant Peters.

Summa .xviij. partikel.

Zccim.xx. Ein silbern
vbergulter kelch/ vnden
mit außgetribnen bildē
vnd steynen. Dorynne
ist/ Von sant Burck-
hart ein gros stuck. Vō
arm sancti Siluestri ein
gros stuck Vō s. Mach
arteo dem mönch. Von
sant Sturno abt zu Ful
da Von sant Anthonio
dē Einsidel. Vō haubt
sancti Onofrij. Von s.
Bernuardo. Von eyner
armrōre sancti Nonno
si des mönchs. Von s.
Otten. Von sant Got-
hart. Von sant Seueri-
no. Vō haubt des heili
gen Peregrini. Vō sant
Egidio. Vom heyligen
Sole. Ein gros stucke
vom arm des heyligen
Justi. Von dem heiligē
sant Magno.

Summa
xvi.partikel.

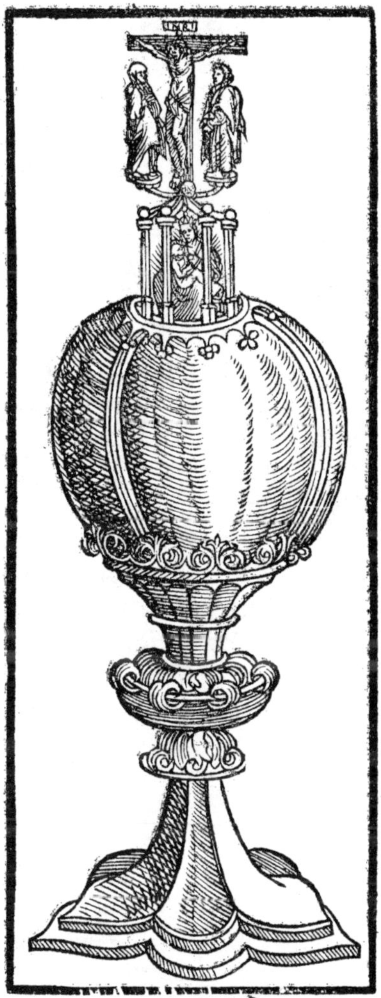

Zcum.xxi. Ein silbern alter vbergultter kelch mit zweyen oren/Dorynne sein.iiij.stuck võ arm des heiligen Honorij von Venedig. Ein gantz glid vom rugknochen sancti Nicolai.

Sũma.iiij.partikel.

Zcum.xxij.Ein strauß ey/obin mit einem Crucifix vñ silber gefaßt.Dorynne ist/Von sant Othmaro/ij. partikel von sant Gallen.Vom heiligen Bonauentura Von sant Oswald dem kônig.Vō der erden sancti Philippi des beichtigers.Vō sant Otten bischoff zu Bamberg. Von sant Seuero. Vom haubt Sausonis bischoffen zu Britannia/ij.partikel vō sant Seruatio.Von sant Prospero dem bischoff.Von sant Jacob bischoff.Vom bette Geroldi Fursten vñ Einsidels.Ein finger sancti Eustorgij bischoffs.Vom rock doryn sanctūs Franciscus gestorben.Von sant Simeon dem Anacheriten.Von s. Arbogast.Von sant Eberhart in Comeda.Von sant Willibrordo.Von sant Florentio ein gros stuck.Von sant Ferrutio ein gros stuck.Von sant Benedicto.Von sant Maximiano. Von sant Ewaldo.Vom gurtel des babsts Felicis.Von der Casel Ottonis des bischoffs zu Bamberg.Vō der ribbe des bischoffs Bratislai.ij.partikel.Vom heiligen Fursten Ambario.Von sant Procopio.Von sant Parmenio.Von sant Heriperto.Vom haubt des heiligen probsts Nonnosi.Vom heiligen babst Gregorio.Von sant Fortunato.Vō sant Germano Vom heiligen babst Siluestro. Vom kleyd sancti Francisci. Von sant Brandano.Vom grab Lasari.Vom zcane Gerhardi.Von sant Wilbaldo.Von sant Trudone.Von sant Matern.Vō sant Oßwald.Ein glid eins fingers vnd zwen zcene des heiligen Juueniani.

Summa.xlix.partikel.

Zeum.xxiij. Ein steynen becher in silber gefaßt/ Dorynne ist/ Von sant Ottens arme. Von der stadt do Christus Lasarũ erweckt. Võ sant Lasaro.ij.partikel Von sant Bonauentura. Von sant Leonhart. Von sant Leon dem babst. Von sant Gregorio dem babst.

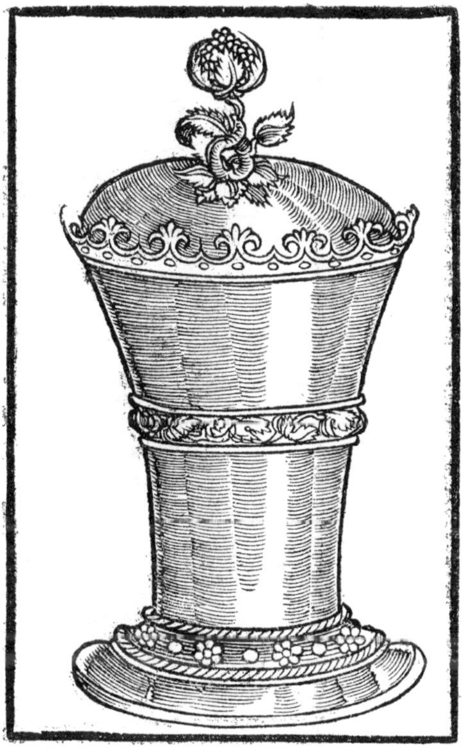

Summa viij.ptikel.

Zeum.xxiiij. Ein cristallen becher. Dorynne ist/ Vom haubt Hermanni. Vom heiligen Carolo. Von sant Francisco. Von sant Ambrosio. Von sant Seuerino. Von der stadt do Christus Lasarum erwegckt. Võ sant Egidio.ij.partikel. Von s. Anthonio.ij.partikel. Von sant Oswald. Von sant Honorio von Venedig. Von sant Astradio. Von sant Aussuero. Von sant Wendelino. Von sant Gregorio dem babst. Võ sant Corbiniano. Vom blut sancti Bernhardini. Vom haubt sancti Williboldi.

Summa.xix.partikel.

Item.xxv. Ein schön silbern vbergult kleynot mit vil fi-
guren/Dorynne ist/Vom arm sancti Feroli. Von sant Dama
so dem babst. Ein finger Philippi ad collas. Võ s. Gangolff
Von s. Andronico. Von sant Johannes dem almußer. Zwen
partikel von sant Oswald. Von sant Wolffgang. Von sant
Albrecht. Von sant Dominico. Von sant Leonhart. Võ sant
Seruacio. Von s. Herculano. Vom cleyd Leoncij des babsts.

Summa.xv.partikel.

Summa.xxvi.partikel.

Item.xxvi.
Ein Cristallen-
becher yn silber
gefaßt/Dorinne
ist/ Vom arme
s. Johãnis des
almuser. Von s.
Jodoco. Võ s.
Gumperto/ iij.
ptikel võ s. Lam
precht/ ij. ptikel
võ s. Godehart
ij. ptikel võ sant
Anthonio. Võ
finger s. Leon-
hardi. Võ s. Al
brecht. Võ sant
Gangolff. Von
s. Adreueliano.
Võ s. Ambrosio
Võ s. Seruatio
Võ s. Celestino
ij. ptikel võ sant
Siluestro. Von
s. Francisco Võ
seinẽ rocke. Võ
kleyd s. Antho-
nij von Padua.
Võ s. Ludouico
Von s. Oswalt
Võ s. Benedic
to. Vom heiligẽ
bischof Ottone

Jtem.xxviij. Ein silbern vbergulter becher obin mit vnser lieben frawen bild. Dorynne ist/ Ein gros stuck vom schulter bein sancti Brandani/ iiij. partikel von sant Arnolfo. Von s. Patritio. Von sant Albano. Von sant Francisco. Vom grab des heiligen Caroli. Von sant Siluestro. Von sant Anthonio

Zwen partikel vom strick s. Francisci. Von sant Jodoco. Von sant Seuero. Von s. Gregorio dē babst. Von sant Oßwalt. iiij. partickel. Von sant Lucio dem kōnig Von sant Benedicto. Vom pallio s. Maximini bischoff zu Trier. Von sant Anthonio von Padua. Von s. Gallo. Von sant Clement. Vom stab Himerij. Von s. Vuentio. Von sant Ludwico Parfuser ordens. Vom tischtuch sancti Francisci. Von seinem cleyde. Vō sant Cruciario. Vom heyligenn bischoff Proßdocimo.

Sūma. xxxij. partikel.

Item. xxviij. Ein silbern cleynot mit. iij. buchsen vñ vil patronen. Doryn ist / Vom ōle sancti Nicolai. Vom ōle Marie in Sardinia. Vom ōle sancte Catharine.

Summa. iij. partikel.

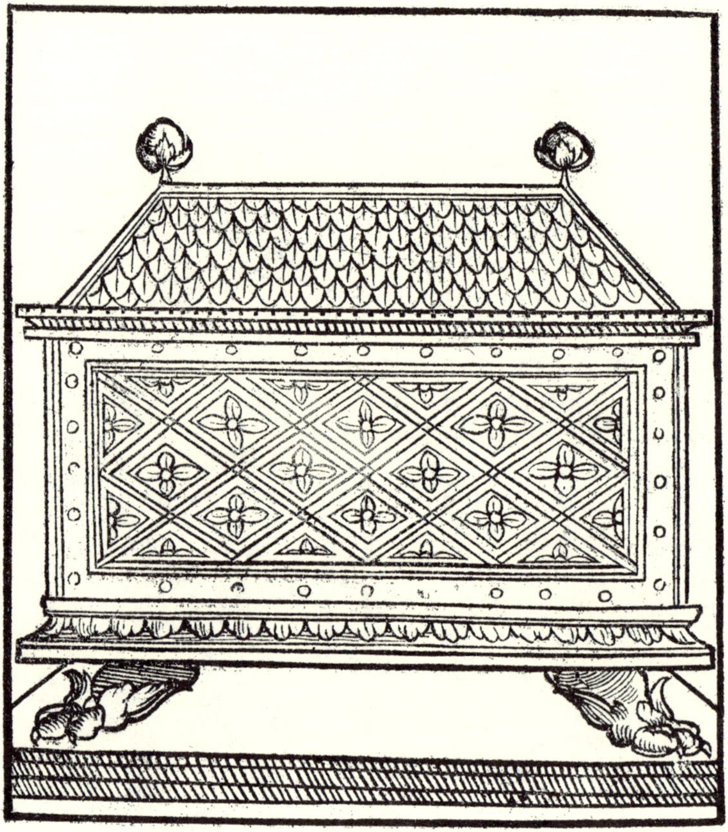

Zcum.xxix.Ein vberſilberter ſarch mit eym C.gezeichent Dorynne iſt der cörper vñ haubt des heiligen biſchoffs Marini/der die Homelien gemacht hat.Das haubt vnd der cörper des heiligen Rabani.

Summa.iiij.partikel.

Item.xxxi. Ein schöner grosser silberner sarch mit bischoff Ernsten wappen. Dorynne ist / Der cörper des heyligen bischoffs Decẽcij. Der cörper des bischoffs Vindemialis. Der cörper des bischoffs Crescentis. Der cörper des bischoffs Hiuencij. Der cörper des bischoffs Ingenuini. Der cörper des heiligen priesters Florencij.

Summa.vi.partikel.

Summa des siebenden ganges seint

Funffhundert/siebenvndfunfftzig ꝑtikel/Dortzu acht gantz-er Cörper.

Macht Ablas/Zweythausentmalthausent/Siebenhundertmal thausent/Zwelfftthausent/dreyhūdert/dreyvndfunfftzig Jhar. Auch dreyhundert vnd .xxviij. tage. Dortzu vierhundertmal thausent/vñ zweyvndfunfftzigthausent Quadragē

Der achte gang von den heyligen Jungfrawen.

Item ersten wirt gezeigt ein grosser silberner vbergulter sarch. Dorynne sein.xvij.gantzer cörper von den.xi.thausent Jungfrawen/welche wunderberlich hieher kommen sein.

Summa.xvij.partikel.

Zcum andern/Ein langer vbergulter sarch/Dorin̄e leyt der gantz cörper der heiligē Margarethe/auß der geselschafft sancte Vrsule. Der cörper sancte Juliane. Vnd sunst ein cörper auß der selben geselschafft. Drr cörper der heiligen Jungfrawen Aldegundis. Vnd der cörper der heiligen Anastasie.

Summa.v.partikel

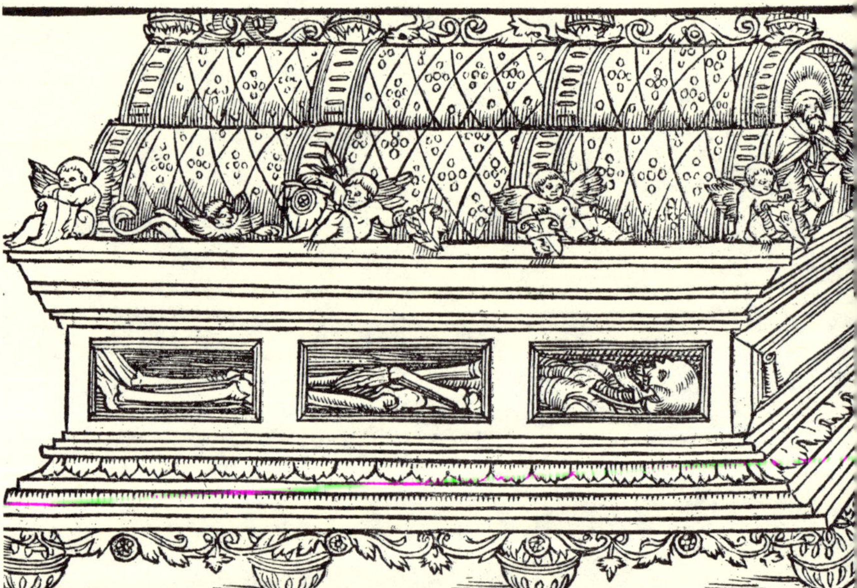

Zcum dritten. Ein silbern sant Marthen bild. Doryn ist/ Ein merglich stuck von yrem haubt. Sunst andere. vij. partikel yres gebeyns/ ij. partikel von yrem hauß.

Summa. x. partikel.

Zcum vierden/Ein sil-
bern brustbild yn gestalt ei
ner Mörin/Dorynne ist/ein
gantz haubt der heyligenn
sant Fidis/die ein schwester
gewest des heiligē sant Mo
ritz.

Sūma.j.partikel.

Zcum funfften/Eyn
silbern sant barbara bild
Dorynne ist Ein merglich
stuck von yrem heyligenn
haubt Vō vier ribbe/funff
andere partikel yres heyli
gen gebeines. Von yrem
haubt. Von yrem kleyde.

Sūma.ix.partikel.

Zcum sechsten/Ein silbern gantz bild sant Barbare. Dorynne ist. Ein finger sancte Barbare. Zwen zcene von yr Von yrem arme. Von yrer ribbe. Von yrem schinbein. Funff partikel yres heiligen gebeins. Vom kleyde dorynne sie enthaubt ist .ij. partickel. xxiij. andere partikel võ yr

Summa.xxxvi. partikel.

Zcum.vij. Ein silbern
Jungfrawen brustbild /
sancte Agathe. Doryn ist
ein treflich stuck von der
hirnschalen s. Agathe /
Ein ander schön stuck võ
yrem haubt. Ein ribbe võ
yr vñ ein gãtzer rugknoch
en. Sunst yrs cörpers .ij.
partikel.

Sũma .vi. partikel.

Zcum.viij. Ein silbern
Jungfrawen brustbild /
sant Agalisen / Doryn ist
das gantz haubt der hei-
ligen Jũgfrawen Agalise
auß der geselschafft sanc-
te Vrsule.

Sũma .j. partikel.

Zcum neunden/Eyn vbergulte Monstrantz mit einer krone/doryn steyn vnd perlein. Dor Inne ist/Eyn stuck einer armröre von der schar der xi.thausent Jung frawen.

Sūma.j.partikel.

Ci

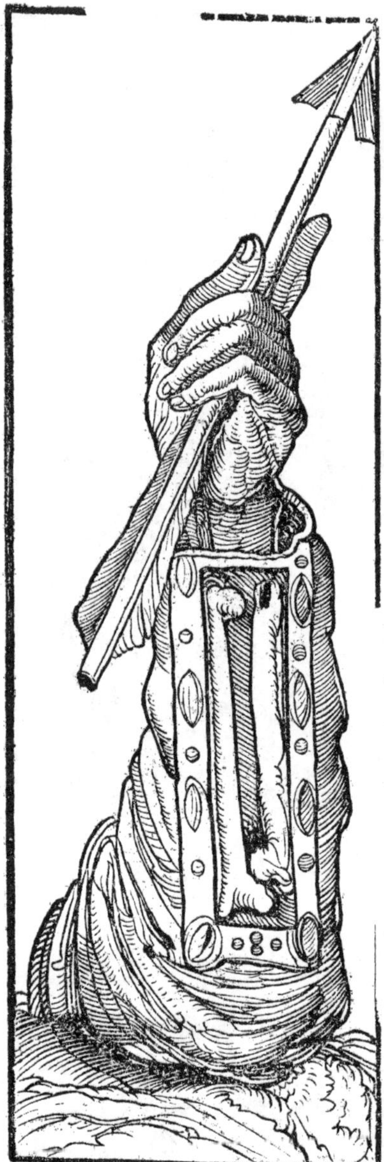

Zcum zehenden. Ein silbern vbergulter arm mit eynem stral / Dorynne sein .ij. rören von sant Vrsula / vnd sunst .ij. ander partikel von yrem cörper. Vom haubt eyner Jūgfrawen auß yrer geselschafft. Vom schleyr einer auß yrer geselschafft. Sunst xij. andere partikel auß yrer geselschafft.

Sũma .xviij. partikel.

Zcum eylfften. Ein silbern vbergult Schiff mith vil Gamahuen / vñ sant Vrsulen bild. Dorynne sein .iij. partikel vom haubt sancte Vrsule. Von yrem hare. Ein gantzer finger von yr / Vier schöne ꝑtikel vō yrem arme. xv. andere partikel yres cörpers. Von yrem kleyd. Von sant Floriana yrer schwester Vom arm Etherij / königes vnd breutigams der heyligen sant Vrsulen. Von sant Cicilia sant Vrsulen mutter schwester. Vom mastbaum yres schiffs .ij. partikel.

Sũma .xxx. partikel.

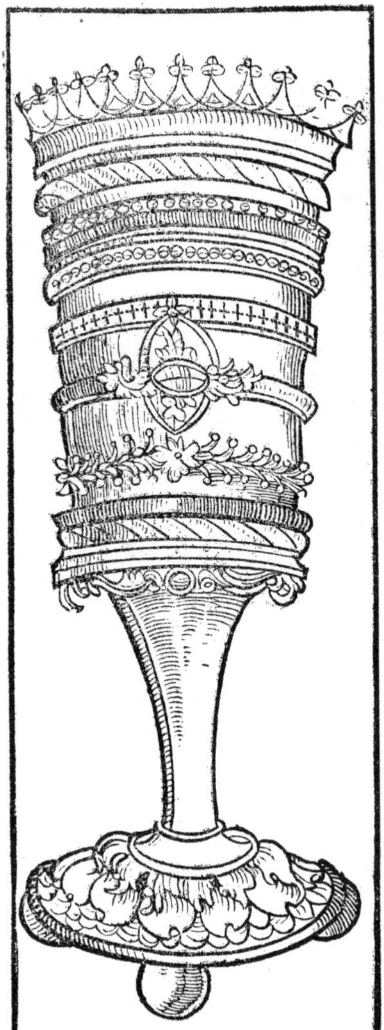

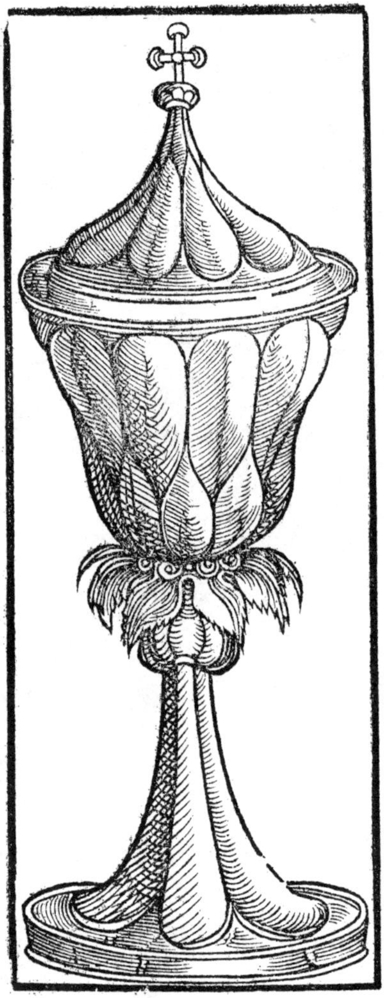

Zcum.xij.werden gezeigt.ix.Creutz von den heiligen.xi.
thauſent Jūgfrawen/auff ein ſcheybe zuſammen gemacht.

Summa.ix.partikel.

Zcum.xiij. Ein silbern cleynot mit gulden reiffen/obin mit eym creutz/Dorynne sein.ij.stuck vō sant Petronilla der tochter sancti Petri. Ein treflich stuck vom arme sancte Lucie. Vō sant Agnes. Von sant Brigitten haubt. Ein diech der heyligen Berthe. Ein gros stuck vom arm der heiligen Gertrudis

Summa.vij.partikel.

Zcum.xiiij. Ein silbern creutz auff eym fusse mit den vier Ewangelisten/ vnd vier Jungfrawen. Dorynne ist vō sant Hedwig. Vō sant Walpurg. Von sant Constantia/ Von sant Juliana. Vō sant Clementia.

Sūma.v.partikel.

Zcum.xv.Ein silbern bild der heiligen Catharine.Dor-ynne ist/Ein merglich stuck von yrem schulterbein.Von yrem halsse.Von yrem haubte.Zwen zcen võ yr.Võ yrem haer.Von yrem kinback/ij.ꝑtikel von yrem arme.Võ yrer ribbe.ij.partikel/xxxviij.andere partikel yres cörpers.Von yrem kleide.ij.partikel.Vom tuche dorauff sie enthaubt/dorauff yres bluts.Ein tuch in yrem öl genetzt/vi.merglich partikel võ yrem öl/xij.ꝑtikel von yrem grabe Võ sant Catharina von Senis funff grosse partikel.Võ sant Agaten arm ein gros stuck.Eyn gantzer finger võ yr Ein tzan von yr.Funff andere partikel von yr.Von sant Cecilia eyn armrör.Zwey stuck von yrer ribben.Ein schön stuck von yrem haubt/xvij.andere partikel von yr.

Summa hundert vnd.vij.partikel.

Jtem.xvi.Ein silbern rond Pacem auff eym fusse.Doryn ist ein merglich stuck võ den haren der heiligen Catharine.

Summa.j.partikel.

Jtem.xvij.Ein silbern vbergulte Monstrantz/mitten ein gulden Catharinen bild.Dorynne ist von yrem hare/vñ sunst ij.partikel von yr. Sũma.iij.partikel.

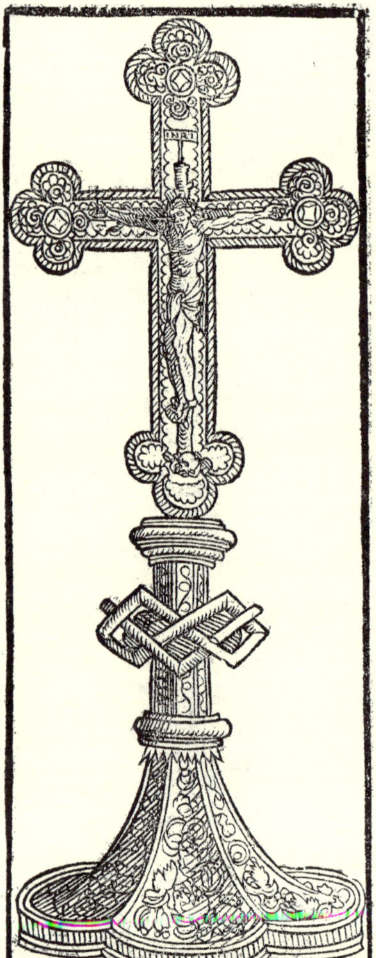

Zcum.xviij. Ein silbern cleynot/obin mit einē creutz Dorinne ist das öl auß dem grab der heiligē Jungfrawen Catharine/geflossen.

Sū̄ma.j.partikel.

Zcum.xix. Ein silbern vbergult creutz. Dorynne ist/Von sant Cristina. Von sant sapientia. Vō sant Gertrud. Vō sant Wibrandis. Vō sant Juliana. Vō sant Walburgis. Vō sant Genouefe. Vom schleyer sancte Clare. Von sant Scholastica Ein zean von sant Scholastica.

Summa.x.partikel.

Zcum zwentzigſtē. Ein lang
Criſtallen glas / Dorynne ſein
funff glid von fingern. Ein
glid vō einer zcehe der heiligē
Bilhildis. Ein armröre ſanc
te Braxedis. Von ſant Sica=
rina. Von einer ribbe ſancte
Sanctine. Ein ribbe vō ſant
Brigitta. Ein ribbe von ſant
Adelheyd. Von ſant Niobe.
Ein arm von der heiligē Ag=
nete. Ein gantze zcehe ſancte
Paule auß der ſchar der eylff
thauſent Jungfrawen. Eyn
rugknoch ſancte Formoſe Vō
haubt Candide. Eyn finger
ſancte Hildegardis. Ein fing
er ſancte Felicole Vō ſant Ju
liana. Von ſant Walburgis.
Von ſant Agnes. Von ſant
Juſtina.

Sūma. xxij. partikel.

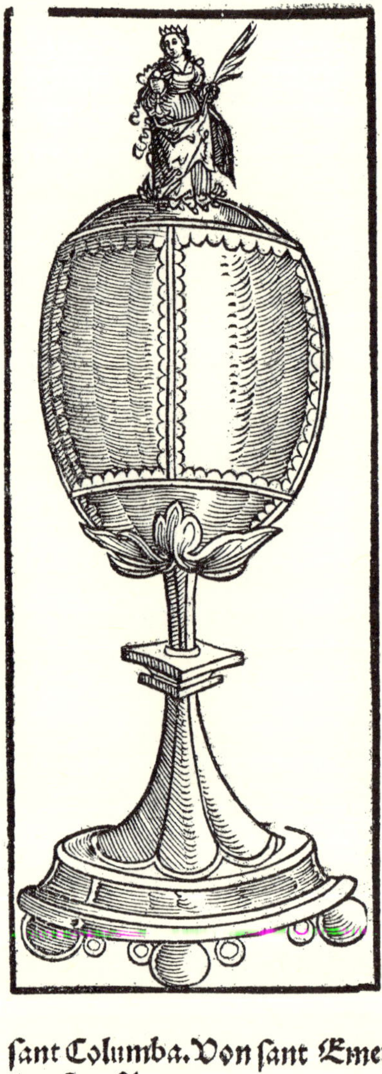

Zcum.xxi. Ein strauß ey yn silber verfaßt/Obin mit einem sant Barbaren bild/Dorynne ist/ Von der ribbe sancte Petronelle Võ arm Scholastice. Võ arme Cristiniane. Eyn armrõre sancte Sabine. Vom arme sancte Tilphilde. Võ arme sancte Hiemegardis. Von sant Albina. Von s. Victoria. Vom arm s. Liberie. Von sant Genouesa. Von sant Beatrix. Võ sant Vincentia. Von sant Agnes. ij. partikel. Ein zcan Basille der heiligen Jungfrawen/ Ein finger von sant Scholastica. Von sant Felicitas Von sand Gertrud. ij. partikel. Vom haubt der heiligen sant Agnes. ij. partikel/ Ein stuck eins fingers sancte Armonie. Von sant Cirilla. Võ sant Honesta. Võ sant Agabisa. Von sant Cõstantia. Von sant Pinnosa Von sant Lucia. Von sant Honorata. Von sant Pelagia. Võ sant Godestia/ Võ sant Columba. Von sant Emerenciana ein mutter der heyligen sant Annen.

Summa. xxxv. partikel.

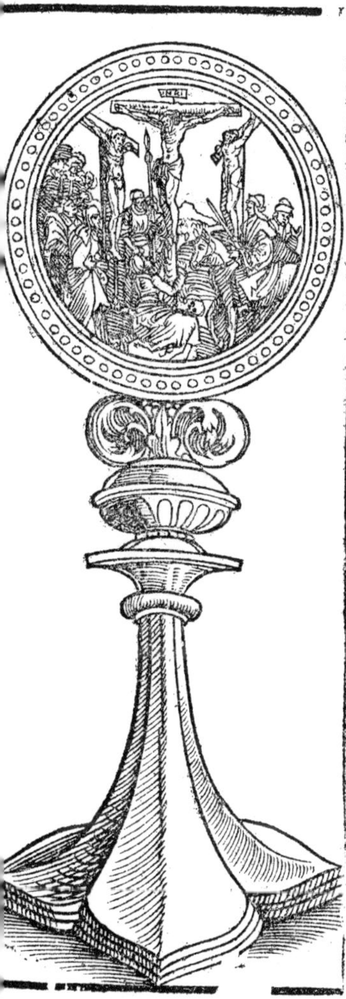

Zcum.xxij.Das rond silbern pacem mit der gulden erhaben passion vnd der grösten perlenmutter.Dorynne ist / Von sant Lucia. Von der hirnschal sancte Genouesen Von s. Aldegunden.Von sant Agneten.Võ sant Ferena.Von sant Liba.Võ s. Wilhilden. Von sant Bertha . Võ sant Relinda.

Summa.ix.partikel.

Zcum.xxiij.Das cleyner silbern kestlein mit subtiler arbeit/ Dorynne ist/Ein stuck von einer ribbe sant Kunegund.Von sant Agnes.ij.ptikel.Von s.Brigitta.Von s.Cordula.Võ s. Prisca.Võ s.Reinhildis.Võ s.Gertrud. Vom hembd sancte Emerie Jungfrawen vñ merterin. Sũma.ix.ptikel.

Zcum.xxiiij. Ein silbern
sant Margarethen bilde /
Doryn sein von yrem haubt
ij.partikel. Von yren armen
v.partikel. Ein gros stuck
yres heiligen cörpers. Von
yrer ribbe. Von yrem rugke.
xxxv. andere ꝑtikel vō yrem
heiligen gebeine In beynen
buchßlein ist puluer yres ge
beynes. Vom steyn yres gra
bes. Drey partikel von yrem
sarche. Vom cörper Felicita
tis. Ein gros stuck vō sant
Otilien/vij. andere partikel
vō sant Otilien/ij.stuck vō
yren cleydern.

Sūma.lxi.partikel.

Item.xxv.Ein Cristallen glas.Dorynne sein.xxi.partikel von sant Lucia.Vom haubt sancte Thalite.Von sant Florida.Von sant Victorina.Von sant Flora.Von sant Salandrina der tochter des heiligen sant Veits.ij.partikel.Von haren der heiligen Jungfrawen Agnetis.Von sant Wininiana Vom haubt sancte Walburgis.

Summa.xxx.partikel.

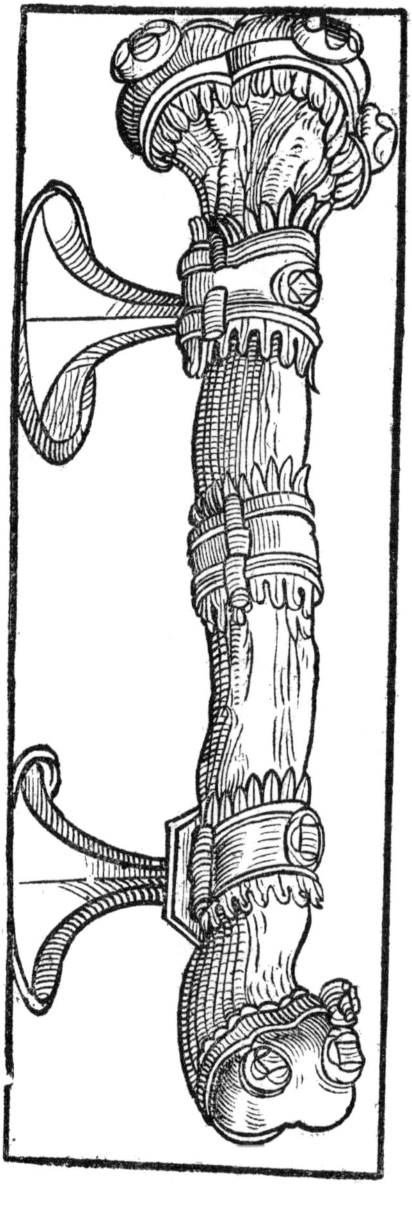

Zeum.xxvi. Ein arm röre sant Wilhilden yn silber gefaßt.

Summa.j.partikel.

Item .xxvij. Das ander silbern ronde Pacem auff eym durchbrochnem fusse vnd vbergulter passion / vnd einer perlinmutter/ Dorynn ist ein gros stuck vom schulterbein sancte Swunilie.

Summa .j. partikel.

Item .xxviij. Das gröste cleyne serchlein subtiler arbeyt/ Dörynne ist/ Ein gantze zcehe von sant Aspasianone der Kögin vnd Jungfrawen. Ein ribbe von sant Sigillinda. Von sant Lefania der Fürstin auß Engelland.

Summa .iij. partikel.

Item.xxlx. Ein gros silbern sant Dorotheen bilde/ Dorynne ist/ Ein gantz armröre von yr. Vō yrem haubte. Zwen partikel von yrem arme/ xiij. andere partikel vō yr. Von yren rosen. iiij. partikel. Der arm Carpaphore Zwou armrören sancte Felicis der Jungfrawen. Eyn armröre von sant Pelagia.

Sūma. xxiiij. partikel.

Zcum .xxx. Ein rond gros ſilbern vbergult Pacem mith zweyen engeln. Dorynne ſein. iiij. partikel võ ſant Agnes / ij. ꝑtikel von ſant Agathen / ij. partikel von ſant Eufemien. Vier

partikel der heiligen Anastasie/ij.partikel Magdalberte. Von
sant Aldegunden. Von sant Lucia. Von sant Braxedis. Von
sant Albina. Von sant Herena. Von sant Sabina. Von sant
Prisca. Von sant Quirilla. Von sant Fenegaria. Von s. Gor
diagia. Von sant Paduntia. Von sant Gertrud. Von s. Ger=
druden haer. Von sant Pinnosa.

Summa.xxviij.partikel.

Item.xxxi.Das kleinst silbern kestlein subtiler arbeit. Dor
ynne ist/Vom arm Petralie der Jungfrawen. Von einer röre
eins armes der heiligen Jungfrawen Speciose.

Summa.ij.partikel.

Zcum.xxxij. Ein gros silbern sant Appolonien bilde. Dorynne ist ein gantz er zcan yn der mōstrantz yn yrer hand/vi. andere zcene von yr. Im bilde/von yrer ribbe/xvij. andere partikel yres gebeynes/ ij. partikel von sant Eufemia.

Sūma.xxviij.ꝑtikel.

Zcum.xxxiij. Ein criſtallen glas mit zweyen ōren. Doryn iſt/ Von ſant Criſtina. Vom haubt Oliue. Von ſant Emerēn ciana. Von ſant Petronilla. Von ſant Sutrapia. Von s. Ma trona. Von ſant Juliana. Ein zcan von ſant Martha. Eyn zcan von ſant Agneten. Vom arm der heiligen Ebttiſchinne Manu. Vō der heiligen Creſcentia vnd Emerentiana. ij. par tikel. Von ſant Hedwig. Von ſant Criſtina.

Summa. xiiij. partikel.

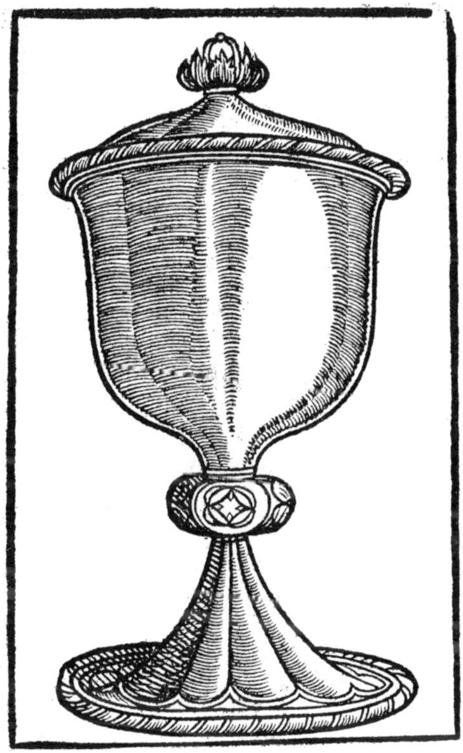

Item.xxxiiij.Ein ander Criſtallen glas wie ein kelch.Dor ynne iſt/Von der hirnſchalen ſancte Potenciane.Võ ſant Cacukilla.Von ſant Flora.Von ſant Criſtina.Von cleidern Juliane.Von s.Gertrud.Võ der zungen s.Hildegardis. Võ s. Sabina.Von s.Ferena.Von s.Roſina.Von s. Criſtina. Võ ſant Felicola.Von s.Potẽciana.Von s.Lucia.ij.ptikel.Võ s. Florina.Von s.Emerẽciana.Võ ſant Brigitta.Vom haubt Tecle.Vom rock ſancte Clare.Vom ſchleyer ſancte Lucie.Võ ſant Agneten.Von ſant Wibreta.Võ ſant Jſeldruden.ij.partikel. Von ſant Kungunden vñ Mechtundis.ij partikel.

Summa.xxvij.partikel.

Zcum.xxxv. Die ribbe der heiligen Jungfrawen Otilien yn silber gefaßt/Vnd sunst.iij.portikel.

Summa.iiij.partikel.

Zcum.xxxvi. Ein silberner Fenix. Dorynne ist/Ein heiler gantzer finger mit hawt vn̄ fleisch der heiligen Jungfrawen Eufemie. Ein gantzer finger von sant Anastasia. Ein finger von sant Auina. Vō s. Juliana.ij.ptikel. Von s. Regina. Vō s. Florentia. Ein finger sancte Rodiane. Von sant Braxedis. Vom haubt sancte Cecilie. Von sant Gertrud. Von sant Victorina. Von sant Columba. Von der ribbe sancte Agnetis.

Summa.xvi.partikel.

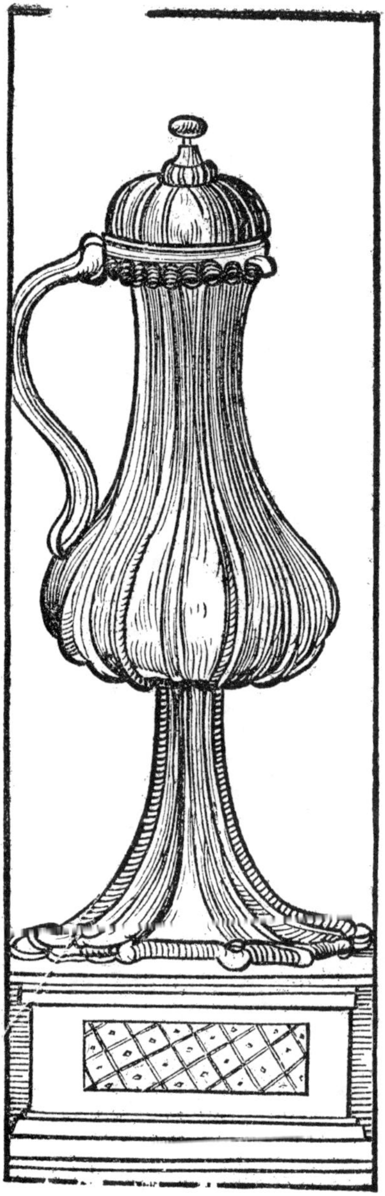

Zcum.xxxviij.Ein kanne von Cristallem glas.Dorynne ist/Von sant Walburg öl ij.partikel vō sant Othmario iiij.partikel vō sant Benigna v.partikel von sant Juliana xxij.ptikel d.xi.thausent Jūgfrawen.Vō sant Verena Vō sant Otilia.Von s. Justina Von sant Lucia.iij.partikel. ij.ptikel von sant Walburg. v.partikel vō sant Clara.Vō sant Basilla.Vō sant Jobilia/ij.partikel von sant Kunegunden Von der hirnschalen sant Otilien.Ein ribbe sancte Walburgis.Vō sant Balbina.Von sant Candida.iij. partikel. Funff partikel von sant Cordula.Vō sant Crescentia. Vom cleyde doryn s. Brigitta gestorben/ij.ptikel von sant Cristina/iij.partikel von sant Ursula.Von s.Brigitta.Von sant Cecilia.Von s.Daria.ij.partikel/ij.zcehne von sant Santula.Von sant Otilien gürtel/iij.partikel vō sant Bobilia. Ein gros teyl haer von der heiligen Jungfrawen sancte Eutropie.

Summa.lxxx. partikel.

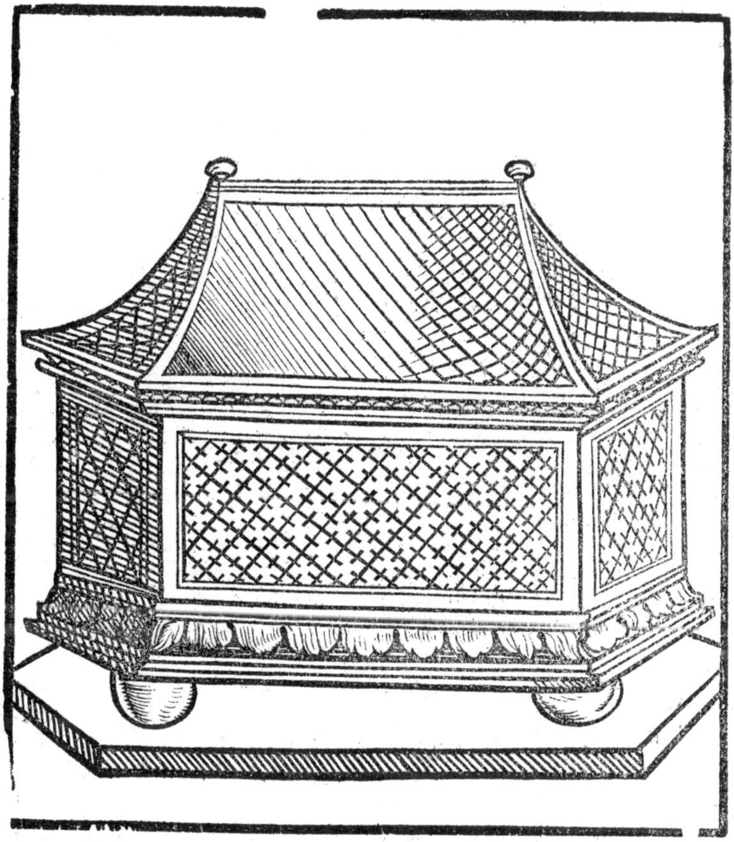

Item.xxxviij. Ein vbersilberter grosser sarch mit dem F. getzeichent. Dorynne ist/ Ein gantz haubt sancte Rose der königin auß Britannia/ auß der geselschafft sancte Vrsule. Das haubt Clementie der Jungfrawen auß der selben geselschafft Das haubt sancte Marine auß der selben geselschafft/ ix. andere heupter auß der geselschafft sancte Vrsule/ xlviij. andere stuck auß der selben geselschafft.

Summa. lx. partikel.

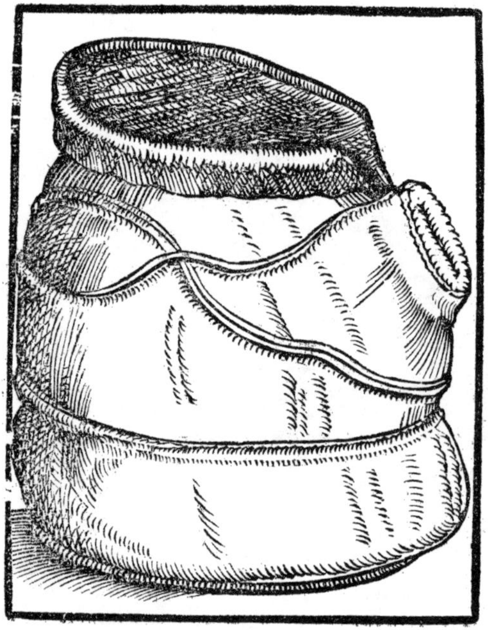

Jtem.xxxix. Ein glas welchs gebraucht haben die eylff-thausent Jungfrawen. Dorynne sein drey. grosse stuck vō der hirnschal sancte Fialarie/iij andere stuck auch auß der gesel-schafft sancte Vrsule. Aber ander drey stuck von hirnschalen auß der selben gesellschafft. Ein stuck von einer armröre sancte Lefanie. Von sant Luttruden. Vō der armrör sancte Braxe dis ein gros partikel.

Summa.xij.partikel.

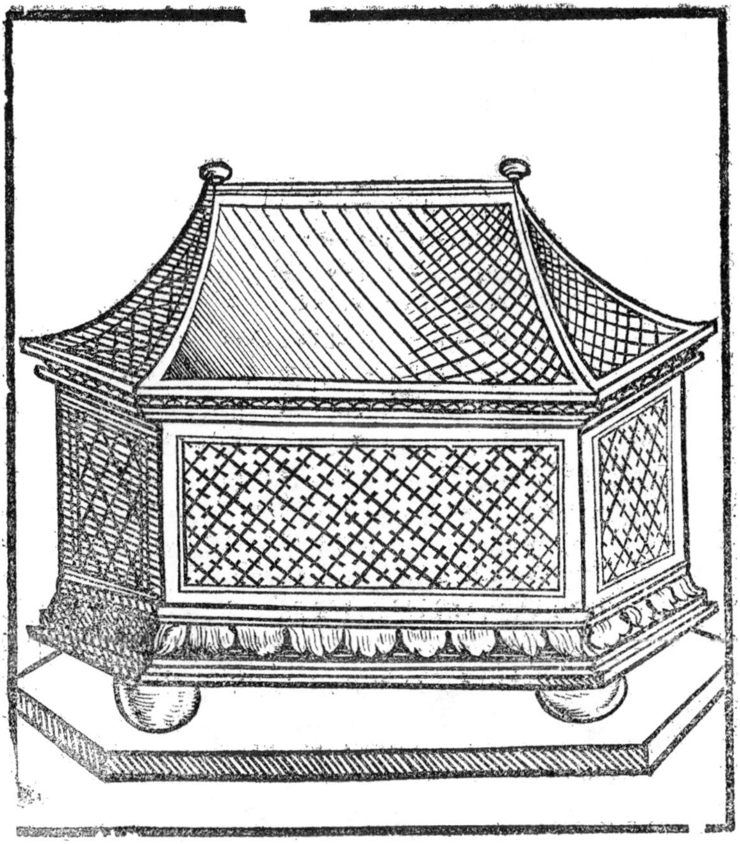

Zcum .xl. Ein vbergulter grosser sarch mit dem buchstab G. gezeichent/ Dorynne ist/ Ein gantzer cörper auß der gesel schafft sancte Vrsule. Võ sant Vrsulen haubt. iiij. schöner par tikel. Von yrem arm .iiij. schöner partikel/ xv. andere partikel von yrem leybe. Von yrem haer. Von yrem kleyde. Võ sant Ci cilia der mutter sancte Vrsule. Von sant Floriana ein schwe= ster gewest sancte Vrsule. Zwey stuck vom arm sancti Etherij des königs vnd breutigams sancte Vrsule. Von sant Cordo= len haubt. Von yrem kinback. ij. schön partikel. Von yrer rib=

ben.ij.partikel/iiij.andere partikel von yrem cörper. Võ yrem haer. Von yren cleidern vnd schuhen.ij.partikel. Vom haubt sancte Marine. Von der hirnschale sancte Pinnose Ein gantz arm rör võ yr. Ein armrör der heiligen furstin Paducie. Ein röre von sant Oliua. Von sant Gouilla. Ein armrör sancte Parmenie ein schwester gewest sancte Pinnose. Von sant Babilia.iij.partikel/ix.andere partikel von sant Cordula/Vrsula Pinnosa/vnd Benigna. Von sant Engela. Von sant Baragia. Ein armrör sancte Lucie der königin von Sicilia. Von s. Rachelda. Von sant Benedicta. Zwu gros armrören võ sant Paulina. Von sant Pelagia ein rugknoch vnd armröre.ij.partikel. Von sant Elisabet ein rore vnd schulterblat.ij.partikel. Von sant Hedwig ein gantz gelengk vnd ein rore.ij.partikel. Von sant Jsendrud ein rore. Ein rugkbein des schloß võ yr. Ein schulterblad von sant Cristina. Vom haubt sancte Adalecte. Vom haubt Felicis.ij.partikel. Ein kinne eins Medeleins zugehörig sant Vrsulen. Ein ribbe von sant Jacobo Ertzbischoffs. Von sant Marculo kriechischem bischoff/xix. andere partikel von heuptern dißer geselschafft/xiiij.zcene auß dißer geselschafft/ij.finger auß dißer geselschafft/v.rugknochen dießer geselschafft. Ein gantz schulterbein der selben geselschafft. Hundert vnd neun armrören auß dießer geselschafft. Ein gantz haubt dießer geselschafft. Zweyhundert vnd.xxvi. ander partikel auß dießer geselschafft. Zwey stuck eins nagels einer Jungfrawen durchs haubt geschlagen. Ein arm sancte Grate Jungfrawen vnd merterinne. Dieße alle obingezalt sein auß der geselschafft s. Vrsule. Ein schulterbein sancte Walburgis. Ein gantze ribbe von yr/iij.gros partikel von yrem heiligen öle. Ein gantz schulterbein sancte Cecilie. Eyn arm sancte Cristine. Ein arm sancte Anastasie. Ein arm sancte Sigelindis. Ein arm sancte Madelberte. Ein arm sancte Lucie/xiiij.grosse stuck von sant Albina.

Summa.cccc.vnd.lxxx.partikel.

Summa des Achten ganges · Seint Thausent/zweyhundert partikel / Vnd.xxiij.gantzer heyliger Cörper.

Macht Ablas/Funfftausentmal thausent/Achthūdertmal thausent/Einvndsiebentzig thausent/hundert sechßvndsechtzig Jhar/vnd zwentzig tage. Dortzu Neunhundertmal thausent/Achtvndsibentzig thausent/vñ vierhundert Quadragen

Der Neunde gang von den heyligen auserwelten Frawen und witwen.

Zcum esten wirt getzeigt ein schön gros silbern bild der heiligen Marie Magdalene/dieses Stiffts mitpatronen. Dorynne sein.iiij.schöne partikel võ yrem haubt/ij.partikel võ yrem kinbacken. Ein stuck võ yrem kinback mit.iij.zcenen. Ein zcan von yr/v.partikel yres hares. Võ yrem finger. Ein gros arm rör von yr/iij.stuck yrer ribben/lxxxix.andere partikel yres gebeynes. Von yrer handt. Von yrer salben.iij.treflich partikel. Von yrem schleyer. Von yrem kleyde. Vom hauß dorynne sie gewonet. Von der stadt do sie gebüsset/ij. partikel von yrem grab. Von sant Maria Egipciaca. Von der Samaritanischen frawen/ij. partikel von sant Simphorosa/ij. partikel von s. Sophia/iiij.partikel vom hauß Lasari. Jn der buchsen die das bild in der lingcken hand hat/Ein dawm von sant Maria Magdalena/ij.finger von yr. Jm Scepter der rechten hand/Dorynne ist/Ein rore võ sant Maria Magdalena Von yrem haer ein merglich teyl.

Summa hundert vnd.xxxv.partikel.

Zcum andern/Ein schön silbern sant Annen bilde/ Dorynne ist/Ein stuck eins kinbacken von sant Annen. ij. partikel von yrem haubt Von yrem arme/xix. andere partikel yres gebeines. Von yrem grabe. Von beynen s. Largitonis des Grauen yn Cypern/ist der heiligen Affre frundt gewest. Vō sant Quiriaco auch eyns frunds Affre. ij. partikel. Drey partikel von der geselschafft sancte Affre. Von sant Affranzcan/ vnd sunst. ij. partikel von yr. Von sant Dionisio yrem vetter. Ein zcan auß yrer geselschafft. Acht andere partikel auß yrer geselschafft. Vom haubt der heiligen sant Affra. Von yrem arme. Zwen andere partikel von yr. Von yrem schleyer. Vō der seulen doran die heilig sant Affra verbrandt/ Von sant Hilaria yrer mutter. Ein armröre von sant Helena. Ein ander stuck vō einer armröre sancte Helene xiiij. andere partikel yres heyligen gebeynes. Von yrem rock Von s. Maria der mutter Jacobi vn̄ Johānis des

Ewangelisten.ij.partikel. Von Maria Salome. Von sant Felix. Von s. Monica der mutter des heiligen Augustini. Vom rugknochen sancte Berthe die sant Ruprechts mutter gewest Von sant Concordia der Ammen des heiligen Hippoliti. Võ sant Pistis mit yren kindern.iij.stuck Von sant Felicitas vnd yren kindern.xi.partikel. Von sant Ruffina. Von s. Sophia. Ein armrör der heiligen Sophie. Von s. Adelheyd.

Summa.xcvij.partikel.

Zcum dritten wirt gezeigt der dawm der heiligen frawen vnd großmutter Christi sancte Anne/yn einer silbern vbergulten Monstrantzen verfaßt.

Summa.iiij.partikel.

Zcum vierden. Ein grosse silbern Tafell mit sant Annen bild/von perlein gestigckt/Dorynne ist/Ein finger võ der heyligen frawen sant Annen.

Summa.j.partikel.

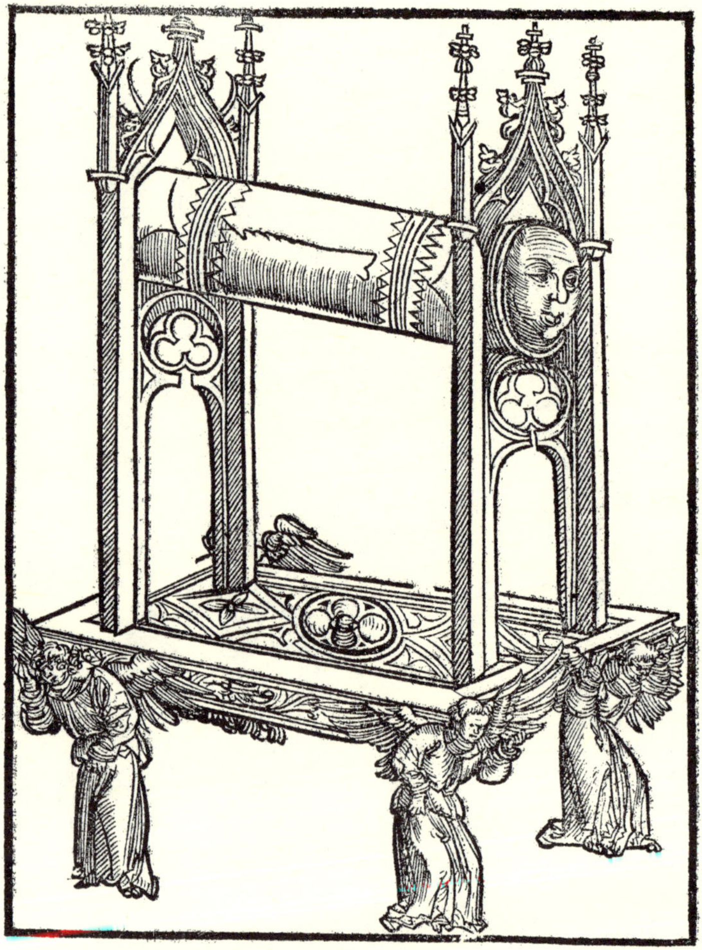

Zcum funfften. Ein alt vbergult cleynod auff vier vbergulten Engeln. Dorynne ist/ Ein gros merglich stuck vom arme sancte Anne. Ein gantzer dawm mit fleisch/ hawd/ vnd nagel von yr.

Summa.ij.partikel.

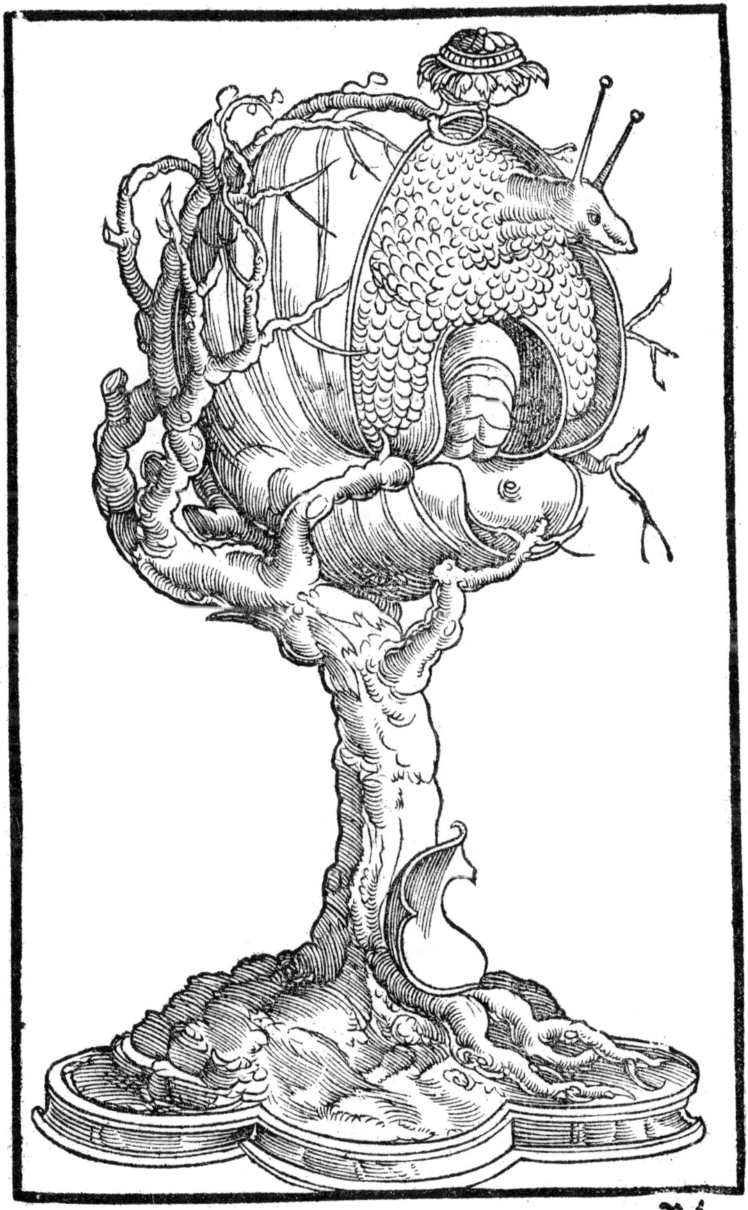

Zcum sechsten. Ein silbern vbergult cleynod/vnd obin ein gefaßte perleinmutter/Dorynne ist vom arm der heiligen Elisabet. Ein ribbe von yr. Von yrem fleische. Ein gantzer finger von yr. Zcehen andere partikel von yr. Ein gulden blume des rocks yr von himmel geschickt. Zwen partikel võ yrem mantel. Zwen partikel sunst von yren cleydern. Zwen partikel von yrem schleyer. Ein gulden creutzlein mit steynen das sie stets an yrem halße getragen. Vom cleyde dorynne sie begraben. Vom hultzen sarche dorynne sie gelegen. Vom öl auß yrem heyligen leichnam geflossen.

Summa. xxvi. partikel.

Zcum sibenden; Ein helffenbeynen buchse mit vil altgegrabenen bilden. Dorynne ist/ Ein schweißtuch das sant Elisabet mit yren selbs henden gemacht/ vnd zu sunderlicher gabe einem Ritter gegeben/ der sie auß Vngern yn Döringen gefurt Von yrem öle. Vom haubt Felicitatis. ij. partikel.

Summa. iiij. partikel.

R ij

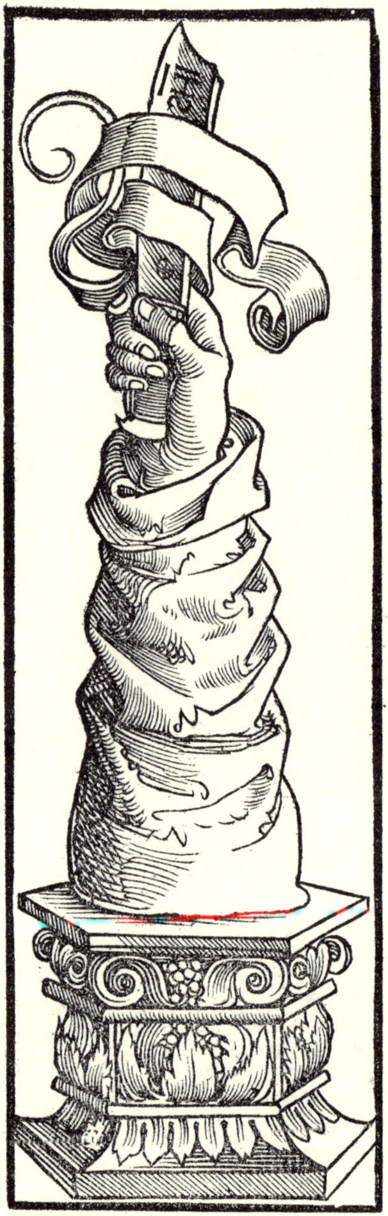

Zcum achten. Ein silbern arm/der heldt das messer der heiligen frawen sancte Elisabet.

Summa. j. partikel.

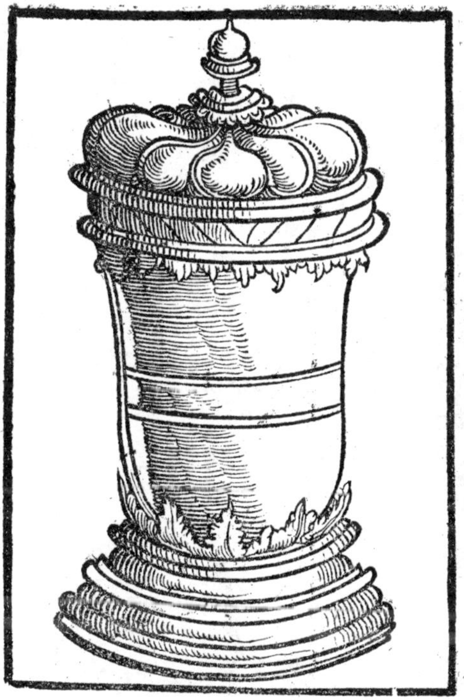

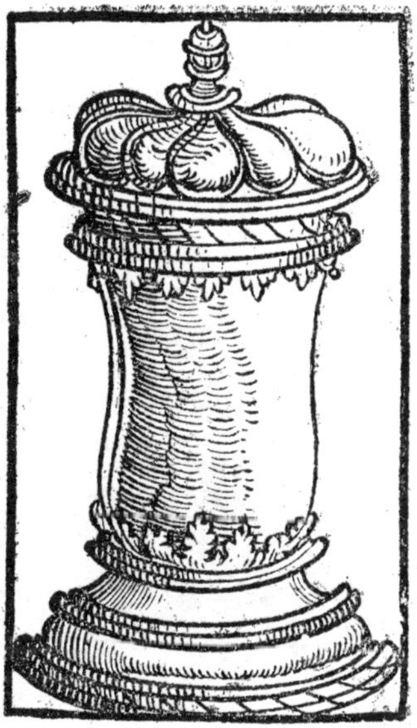

Zcum neunden. Ein gros glas/welchs sant Elisabet gebraucht hat/Dorynne ist von yrem stül/vnd von yrer ribbe.

Summa.iij.partikel.

Zcum zcehenden. Ein kleyn glas/das sie auch gebraucht/Dorynne ist/Von yrem tisch. Von yrem rock. Von yrem öle Von yrem cörper.ij.partikel. Ein finger von yr.

Summa.vij.partickel.

Zcum eilfften. Ein
Cristallen glas auff
eynem fusse yn silber
gefaßt / Dorynne ist /
eyn gros merglich
stuck von dem haubt
der heiligē Felicitatis

Summa. j.
partikel.

Summa des Neundẽ ganges Seint

Zweyhundert Sechsvndsiebentzig partickel / vnnd Macht Ablas / Thausentmalthausent / Dreyhundertmalthausent / Vier vñ̃ czwentzig thausent / Neunhundert Zweivñ̃siebentzig Ihar / Dreyhũdert vnd Zwentzig tage / Dartzu zweyhundert malthausent / czwentzig thausent / vñ̃ Achthũdert Quadragñ̃.

Summa Summarũ alles hochlob-

Wirdigen heiligthũbs obangetzeigter Neun Genge ist achtthausent hundert dreyvnddreissig partickel vnd zweivnd viertzig gantzer heyliger Cörper / Macht der Ablas Neun vñ̃ dreyssick thausent mal thausent / tzweihundert mal thausent / funffvndviertzig thausent / hundert vnnd tzwentzick Ihar Zweyhũdert tzwentzig tage / Dartzu Sechsthausentmalthausent / Funffhundert / mal thausent / vnnd viertzig thausent Quadragen So hat auch Eyn itzlicher gang ynsunderheyt vierthausent Achthundert Ihar / tzweyhundert Achtvndtzwentzig tage / vnd Achthũdert Quadragen. Selig seindt / dye / sich des teylhafftick machen.

Gedruckt yn der löblichen stadt halle / Nach Christi Vnsers hern geburt Funfftzehenhũdert Vnnd Im Zcwenntzigestenn Ihare.

DAS HALLESCHE HEILTUMBUCH VON 1520

DAS HALLESCHE HEILTUMBUCH VON 1520

NACHDRUCK ZUM
450. GRÜNDUNGSJUBILÄUM DER
MARIENBIBLIOTHEK ZU HALLE

HERAUSGEGEBEN UND
MIT EINEM NACHWORT VERSEHEN VON
HEINRICH L. NICKEL

VERLAG JANOS STEKOVICS
HALLE AN DER SAALE, 2001

Inhalt

Das Hallesche Heiltumbuch von 1520

Das Hallesche Heiltumbuch von 1520 wurde bisher noch niemals vollständig nachgedruckt, obwohl es nur in wenigen Exemplaren erhalten geblieben ist und obwohl ihm als religions- und kulturgeschichtlichem Dokument eine herausragende Bedeutung zukommt. Zwei Exemplare dieses seltenen, frühen Druckwerkes besitzt die 1552 in Halle gegründete Marienbibliothek, die dankenswerterweise die Vorlage für den originalgetreuen Nachdruck zur Verfügung stellte.

Eine ursprüngliche Seitenzählung besitzt das Buch nicht. Wie bei wissenschaftlicher Bearbeitung von Manuskripten und Inkunabeln üblich, wurde im Nachdruck eine Blattnummerierung eingefügt. Bei Verweisen wird daher zwischen der Vorderseite (recto = r) und der Rückseite (verso = v) des Blattes unterschieden.

Vortzeichnus und zceigung des hochlobwirdigen heiligthumbs der Stifftkirchen der heiligen Sanct Moritz und Marien Magdalenen zu Halle ist auf dem Titelblatt des kleinen Buches zu lesen, das in der wissenschaftlichen Literatur unter der Kurzbezeichnung „Hallesches Heiltumbuch von 1520" bekannt ist.[1] Heiltumbücher wurden als Volksschriften zu Ende des 15. und zu Beginn des 16. Jahrhunderts gedruckt, um für die öffentliche Weisung und den Ablaß der Reliquienschätze von Domen, Stifts- und Wallfahrtskirchen zu werben. Unter den erhaltenen Heiltumbüchern ist das hallesche nicht nur das umfangreichste, sondern auch das religionsgeschichtlich und politisch brisanteste. Sein Herausgeber und wohl auch Verfasser, Kardinal Albrecht von Brandenburg, Erzbischof von Magdeburg und von Mainz, Administrator des Bistums Halberstadt und Kanzler des Heiligen Römischen Reiches Deutscher Nation, war einer der leidenschaftlichsten Reliquiensammler der beginnenden Neuzeit und zugleich ein verschwenderischer Kunstmäzen. Die kostbaren Reliquiare wurden auch nach ästhetischen Wertmaßstäben gesammelt oder bei Goldschmieden in Auftrag gegeben. Reliquiensammlungen wurden zu Vorläufern fürstlicher Kunst- und Wunderkammern der Barockzeit.

Das Heiltum des Kardinals in der Stiftskirche zu Halle und das Heiltumbuch erregten besonders den Zorn des Mönches und Reformators Martin Luther in der nur 50 Kilometer entfernten kursächsischen Residenzstadt Wittenberg. Reliquienverehrung, Ablaßhandel und Heiltumszeigungen wurden zu einem Auslöser der Reformation.

Die Rückseite des ersten Blattes (1v) trägt das Kupferstichporträt des Kirchenfürsten, des Kardinals Albrecht von Brandenburg. Diesen Kupferstich, den sogenannten „Kleinen Kardinal“, schuf Albrecht Dürer 1519 nach einer Vorzeichnung, die er während des Reichstages von Augsburg, an dem Albrecht teilnahm, 1518 angefertigt hatte. Der Kupferstich zeigt am oberen Bildrand das neunteilige Wappen Albrechts, überhöht durch den Kardinalshut. Im Mittelfeld, dem Herzschild, befinden sich die Wappen der Erzbistümer Magdeburg (geteilt) und Mainz (Rad) sowie des Stifts Halberstadt (gespalten). Umgeben werden sie von den Familienwappen der Hohenzollern: dem pommerschen Greifen, dem brandenburgischen Adler, dem Löwen der Burggrafschaft von Nürnberg und dem viergeteilten Hohenzollernschild. In der daneben stehenden Inschrift werden die Würden und Titel einzeln aufgeführt: ALBERTVS. MI[sericordia]. DI[vina]. SA[cro]. SANC[tae]. ROMANAE. ECCL[esi]AE. TI[tuli] SAN[cti]. CHRYSOGONI. P[res]B[ite]R. CARDINA[lis]. MAGVN[tinensis]. AC. MAGDE[burgensis]. ARCHI=EP[iscopu] S. ELECTOR. IMPE[rii] PRIMAS. ADMINI[strator]. HALBER[stadensis]. MARCHI[o]. BRANDENBURGENSIS. <Albrecht, durch Gottes Barmherzigkeit Kardinal-Priester der Heiligen Römischen Kirche mit der Titelkirche des hl. Chrysogonus, Erzbischof von Mainz und Magdeburg, Kurfürst, Primas des Reiches, Administrator des (Stifts) Halberstadt, Markgraf von Brandenburg> Die untere Schriftleiste enthält in der metrischen Form eines Hexameters Angaben zu seiner Person:

SIC OCVLOS SIC ILLE GENAS SIC ORA FEREBAT
ANNO ETATIS SVE XXIX
M D X I X

<So trug jener Augen, Wangen und Mund im 29. Jahre seines Lebensalters • 1519>[2]

Das Bildnis erschien dem Auftraggeber als so treffend und charakteristisch, daß er davon Abzüge in einer hohen Auflage bestellte. Das Blatt diente als Vorlage für zahlreiche Porträtstiche und -gemälde anderer Meister.

Das zweite Blatt füllt ganzseitig der Stiftungsholzschnitt aus. Die Gründer des halleschen Heiltums, Erzbischof Ernst von Sachsen (rechts) und der gegenwärtige Amtsinhaber, Kardinal Albrecht von Brandenburg, erkennbar an ihren Wappen, knien zu seiten des Stiftskirchenmodells, das sie jeweils mit einer Hand stützen. Nach mittelalterlicher Konvention geben sie sich dadurch als Fundatoren des Gebäudes zu erkennen. Hinter Albrecht steht als Schutzheiliger Johannes der Evangelist, hinter Ernst der hl. Thomas. Unterhalb der Kirche befindet sich das schon von Ernst eingeführte viergeteilte Stiftswappen mit jeweils drei Salbbüchsen der Maria Magdalena und drei Salzkörben der Salzwirker in den Feldern. Im Wolkenkranz am Himmel erscheinen die Stiftsheiligen: Mauritius im Harnisch mit Schild und Schwert, Maria Magdalena mit der Salbbüchse und Erasmus im bischöflichen Ornat mit Darmwinde.

Auf der folgenden Seite (2v) wird *„allen Christglaubigen/was wesens/wirde odder standes die seint/…“* mitgeteilt, daß hinfort jährlich am Sonntag nach dem Fest der Geburt Marias und den folgenden zehn Tagen in der neuen Stiftskirche die Reliquien und Kleinodien gezeigt würden. Entsprechend einem Privileg des Papstes Leo (X.) würden alle, die ein *„gebet gegen gott den almechtigen sprechen“* und dem *„angetzeigthem Stifft yre almusen reichen werden … von yren sunden/beschwerden/pein und schult“* entbunden . Als Zeugen wird auf die Bruderschaft des Märtyrers Erasmus, den Papst und die erzbischöflichen Bullen verwiesen.

Der hallesche Reliquienschatz war in neun Gänge oder Abteilungen aufgeteilt. Die Reliquien wurden bei der Zeigung in diesen Gruppen vorgeführt. Eine entsprechende Gliederung weist auch das Heiltumbuch auf. Jedes Reliquiar wird mit nur wenigen Worten beschrieben. Ausführlich dagegen werden die Herkunft und die Anzahl der Reliquienpartikel aufgeführt. Als Beispiel sei der Text zu einer Engelsfigur mit den Leidenswerkzeugen Christi aus dem zweiten Gang aufgeführt (Bl. 19r): *„Zcum vierde[n] Ein Engel mit fast treflichen kostliche[n] steynen und Berlin [Perlen] gestigt/Dor*

Inne sein viij [8] schöne partickel vom heiligen creutz/xxij schöne partickel von der sewle [Säule] doran Christus gegeischelt [gegeißelt]. Ein gantzer dorn von der kron christi. Ein ander stuck von der kron Christi. Von einem steyne des bergs Calvarie do das Blut Christi gesprengt. Von der erden doruff das blut Christi mildiglich getropffet. Vom berge calvarie ij partickel. Von der stadt do die kleider Christi geteylet sein. Vom tuch das Jesus am creutz vmb seine lenden gehabt. Vom steyn daruff Christus fur dem creutz gesessen. Von der stadt do Christus blutigen schweis geschwitzet vi partickel. Vo[n] der stadt do Christus das abentessen gebraucht. Vom tisch des abendessens vi partickel. Vom bawm doran Christus fur Pilatus hauß gebunden gestanden. Vom stock dorinne die Juden den herren die gantze nacht vbel gehandelt. Vom schweißtuch des herren iij partickel. Vom tuch do Christus ym grab Innen gelegen hat iiij partickel. Vom cugenethen rock des herren so zu Trier ist. Ein ander partickel vom cleyde christi. Von rinden doruff Christus mit blossen knyen gebett [gebetet hat] ij partikel. Vom steyne do got Moisi das gesetz gegeben. Vom steyne vnder welchem Lazarus gelegen/als yn Jesus erweckt. Eyn stuck vom Corporal mit dem blut Christi besprengt ij partickel. Vom heiligen grab. Summa lxxxi [81] partickel.

Der Holzschnitt zeigt einen knienden Engel mit den Leidenswerkzeugen Christi, auf die sich die meisten darin untergebrachten Reliquien beziehen. Kardinal Albrecht hatte die mit Perlen bestickte Figur 1518 anfertigen lassen.[3] Da fast alle darin verwahrten Partikel sogenannte Berührungsreliquien waren, wie sie Pilger aus dem Heiligen Lande mitbrachten, dürfte es sich um Freundschaftsgeschenke des geistlichen und weltlichen Adels handeln.

Der erste Gang enthält Reliquiare und Kleinodien mit vermischten und nicht eindeutig zuzuordnenden Reliquien, aber auch päpstliche Geschenke. An erster Stelle wird die *Goldene Rose* aufgeführt, die Papst Leo X. dem Kardinal Albrecht für das Neue Stift in Halle übersandt hatte. Es folgt ein silbervergoldetes Schwert, das Kaiser Maximilian vom Papst Leo erhalten und das dieser an Albrecht anläßlich seiner Erhebung zum Kardinal weitergegeben hatte. Als Nächstes wird ein romanischer Tragealtar in Kastenform, mit Elfenbeinreliefs und mit emaillierten Beschlägen, abgebildet.

Er enthielt drei Kieferknochen und 28 Partikel unbekannter Herkunft *„welch namen fur alders verblichen"*. Die insgesamt 29 Kleinodien, Reliquiare und Plenarien (mit kostbaren Goldschmiedeeinbänden geschmückte Meßbücher oder Reliquiare in Buchform) des ersten Ganges enthielten insgesamt 2563 Reliquienpartikel. Der ihnen innewohnende Ablaß wird in Jahren, Tagen und Quadragenen (40-Tage-Abschnitte) aufgeführt. Entsprechend sind die folgenden Gänge gegliedert.

Der zweite Gang enthielt in 33 Reliquiaren Reliquien von *„unserm herren Jhesu Vnd was yn von seiner menschheit wegen un leyden sunderlich zustendig."* Der dritte Gang mit neun Reliquiaren war Marienreliquien vorbehalten. Der vierte Gang mit elf Reliquiaren bezog sich auf *„die heiligen Patriarchen vnd Propheten"*; der fünfte mit 17 Reliquiaren auf die Apostel und Evangelisten. Der sechste Gang mit 53 Reliquiaren barg Reliquien von Märtyrern, der siebente in 31 Reliquiaren die Reliquien von heiligen Bischöfen und *„Beichtigern"*, der achte in 40 Behältnissen Reliquien *„von den heyligen Jungfrawen"* und der neunte und letzte Gang in 11 Reliquiaren Partikel *„von den heyligen auserwelten Frawen vnd witwen"*.

Zum Abschluß des Heiltumbuches (Bl. 120) wird die Summe der Reliquien und des ihnen innewohnenden Ablasses gezogen. Das Hallesche Heiltum umfaßte demnach im Jahre 1520 8133 Reliquienpartikel und 42 ganze Körper von Heiligen[4]. Diese verhießen einen ungeheuer großen Ablaß von *„Neununddreyssickthausent mal thausent/tzweihundert mal thausent/funffundviertzig thausent/hundert unnd tzwentzick Jahr Zweyhunderttzwentzig tage/Darzu Sechsthausentmalthausent/Funffhundert/mal thausent/unnd viertzig thausent Quadragen."* Am Schluß folgt der Vermerk:

> *Gedruckt yn der löblichen stadt halle; Nach*
> *Christi Unsers hern geburt Funfftzehnhundert*
> *Unnd Im Zcwenntzigestenn Jhare.*

Schenkt man diesem Eintrag Glauben, so wäre das Heiltumbuch das älteste in Halle gedruckte Buch! Doch läßt sich in Halle um 1520 noch kein Drucker nachweisen.

Die letzten beiden Seiten des Buches sind mit den phantasievoll ausgeschmückten Amts- und Familienwappen des Kardinals Albrecht und des Erzbischofs Ernst ausgefüllt.

Das von Ernst begründete und von Albrecht erweiterte Hallesche Heiltum wurde in weniger als zwei Jahrzehnten zu einer der umfangreichsten Reliquiensammlungen in Deutschland – freilich ohne auf eine ehrwürdige, alte Tradition zurückblicken zu können. Mit dem Glanz der Zurschaustellung und dem reich ausgestatteten Heiltumbuch versuchte der Kardinal, diesen Makel auszugleichen.

Die Reliquienverehrung war ein wesentlicher Bestandteil mittelalterlicher Volksfrömmigkeit. Der Kult geht in die Anfangszeit des Christentums zurück, als sich die Gläubigen an den Gräbern der Märtyrer und Apostel versammelten und als Helena, die Mutter des Kaisers Konstantin des Großen, das *wahre Kreuz Christi* in Jerusalem wiederfand. Kreuzreliquiare (Staurotheken) gehörten seither zu den wertvollsten Schätzen der Kirchen.[5] Beim Übergang vom Mittelalter zur Neuzeit erlebte die Reliquienverehrung eine starke Verbreitung. Kult und Kunst gingen eine enge Synthese ein. Das wohl bezeichnendste Beispiel für diesen Prozeß war das Hallesche Heiltum, die Stiftung der beiden Erzbischöfe Ernst und Albrecht.

Die Stifter des Halleschen Heiltums

Erzbischof Ernst von Sachsen (1464–1513)

Das Domkapitel von Magdeburg wählte im Jahre 1476 den erst 11 Jahre zählenden Sohn des Kurfürsten von Sachsen, Ernst von Wettin, als Anwärter auf des Amt des Erzbischofs. Papst Sixtus IV. bestätigte die Postulation mit der Auflage, die Bischofsweihe solle erst im Alter von 27 Jahren erfolgen. Die Vormundschaft in den Regierungsgeschäften des Erzstifts habe bis dahin der Bruder des Kurfürsten, Albrecht, zu übernehmen. Ganz offensichtlich waren

Stadtplan von Halle aus der Chronik „Halygraphia Topo-Chronologica …“ von G. Olearius 1667, Ausschnitt. Von links nach rechts: Die Moritzburg (10), die Wasserkunst (21), die Neumühle (22), Stiftsgebäude und Stiftskirche (ehemals Klosterkirche der Dominikaner und heute „Dom“, 25, 26), der Neue Bau (später Residenz, 29) und das Klaustor an der Saalebrücke. Am Westufer der Saale Gärten, die schon unter den Erzbischöfen angelegt worden waren.

Erzbischof Ernst von Sachsen (?). Ausschnitt aus der Mitteltafel des Dreikönigsaltars, Hans Baldung gen.Grien, 1507/08. Staatliche Museen zu Berlin, Preußischer Kulturbesitz, Gemäldegalerie. Der mittlere König der Anbetung der Heiligen Drei Könige trägt aller Wahrscheinlichkeit nach die Züge des Erzbischofs Ernst.

die Wettiner bestrebt, durch das geistliche Amt ihre Hausmacht auszuweiten. Sie verfügten bereits über ein Territorium, das sich vom Kurkreis um Wittenberg mit Leipzig, dem Vogtland, der Mark Meißen und Thüringen bis an die Grenzen von Franken erstreckte. Der Kurfürst setzte auch seine anderen Kinder zur Erweiterung wettinischen Einflusses ein. Der Tochter Hedwig verschaffte er das wichtige Amt der Äbtissin des Stifts Quedlinburg; der Sohn Adalbert wurde 1482 Administrator des Erzbistums Mainz. Er starb, erst 17-jährig, jedoch schon 1484, ohne die Bischofsweihe erlangt zu haben.

Der Knabe Ernst nahm als designierter Erzbischof in Begleitung seines Vaters und hoher geistlicher und weltlicher Würdenträger am 28. Oktober 1476 in Magdeburg und eine Woche später in Halle, nach Bestätigung der Stadtrechte, die Huldigung der Ratsherren und Bürger entgegen.[6]

1478 erleichterten innere Zwistigkeiten zwischen den Pfännern, den Ratsherren, den Innungen und den Salzwirkern dem Erzbischof die Unterwerfung der Stadt Halle. Da die Pfänner zu hohen Geldbußen verurteilt oder gar enteignet wurden, erschloß sich dem magdeburgischen Landesherrn aus der Saline von Halle eine ergiebige Geldquelle. Nicht nur Halle verlor unter Ernst seine städtischen Freiheiten, sondern auch in Magdeburg und in Halberstadt vermochte der Erzbischof seine landesherrliche Herrschaft auszubauen.

1484 empfing Ernst mit päpstlichem Dispens die Priesterweihe und konnte nun als 20-jähriger mit allen geistlichen wie weltlichen Rechten das erzbischöfliche Amt ausfüllen. Als Bauherr betrieb er den Neubau der Schloßkapelle der Burg Wolmirstedt und – in seiner Funktion als Administrator des Stifts – die Vollendung des Halberstädter Domes, der durch ihn 1491 die Schlußweihe erhielt. Zum wichtigsten Bauvorhaben wurde jedoch die Moritzburg in Halle, zu der Erzbischof Ernst 1484 den Grundstein legte. An einem Saalearm im Nordwesten der Stadt gelegen, entstand eine der modernsten befestigten Burganlagen des ausgehenden 15. Jahrhunderts in Mitteldeutschland. Durch umfangreiche Erdaufschüttungen und mehrgeschossige Substruktionen wurde erreicht, daß die mit runden Ecktürmen und Bastionen bewehrte vierflügelige

Titelblatt des Wittenberger Heiltumbuches von 1509. Kupferstich von Lucas Cranach d. Ä.: Kurfürst Friedrich der Weise und dessen Bruder Johann der Beständige.

Anlage einen ebenen Hof auf dem Niveau der angrenzenden Stadt hatte. 1503 war der Bau so weit abgeschlossen, daß Ernst mit seinem Hofstaat das Residenzschloß als dauernden Wohnsitz beziehen konnte.[7] Die repräsentative Burgkapelle, am östlichen Abschluß des Nordflügels gelegen, war zu dieser Zeit schon im Rohbau fertiggestellt, so daß sich Ernst ganz der Innenausstattung widmen konnte.[8]

Da die Burg und mit ihr die Maria-Magdalenen-Kapelle während des Dreißigjährigen Krieges niederbrannten, entspricht das heutige Erscheinungsbild nicht mehr dem ursprünglichen. Erhalten sind in der Saalkirche die das Netzgewölbe tragenden Rundpfeiler, die unter den umlaufenden schmalen Steinemporen durch Trennwände mit den Außenmauern verbunden sind, so daß sich ein Kranz von flachen Nischen bildet. Darüber befanden sich an der Westwand und an Teilen der Nordwand noch hölzerne Emporen, die von den westlich angrenzenden Wohnräumen zugänglich waren.[9] Von der oberen Empore konnte man in einen Balkon oder Erker an der nördlichen Außenmauer gelangen, dessen Konsolen sich noch über dem Burggraben erhalten haben. Dieser Balkon war von Ernst vermutlich für Heiltumszeigungen vorgesehen. An der Westwand der Kapelle ist in Höhe der ehemals vorhandenen Holzempore das Stiftswappen mit der Jahreszahl 1509 angebracht, womit vermutlich das Weihedatum genannt wird.

Die Leidenschaft des Reliquiensammelns teilte Ernst mit seinem Bruder, dem sächsischen Kurfürsten Friedrich dem Weisen in Wittenberg. Friedrich hatte 1493 eine Pilgerreise ins Heilige Land unternommen. Begleitet wurde er von dem in seinen Diensten stehenden Erbmarschall von Niederbayern, Degenhart Pfeffinger, der

Wittenberger Heiltumbuch von 1509. Holzschnitte von Lucas Cranach d. Ä. Die ersten beiden Seiten des ersten Ganges. Auf der linken Seite ein metallgefaßtes Noppenglas: „*Ein glaß Sante Elysabeth/Eyn partickel von yrem mantel/Ein partickel von yren haren/Viij andere partickel yres hailigen gebeins. Zwen zehn von der heiligen Elisabeth, Summa xiiij partickel.*“ Auf der rechten Seite ein Deckelpokal und zwei Monstranzen.

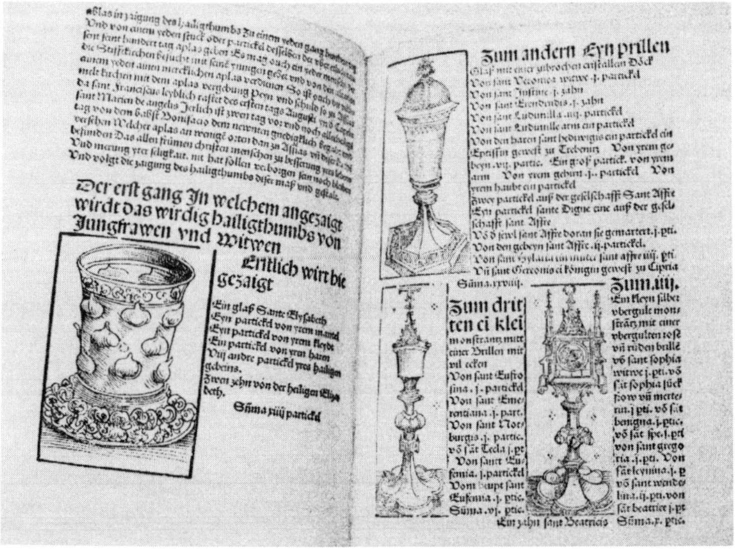
Der erst gang In welchem angezaigt wirdt das wirdig hailigthumbs von Jungfrawen vnd witwen

Erstlich wirt bie gezaigt

Ein glaß Sante Elysabeth
Eyn partickel von yrem mantel
Eyn partickel von yrem kleyde
Ein partickel von yren haren
Viij andre partickel yres hailigen gebeins.
Zwen zehn von der heiligen Elizabeth.

Sũma xiiij partickel

Zum andern Eyn prillen Glaß mit einer gebrochen cristallen Döck

Von sant Veronica witwe .j. partickel
Von sant Justine .j. zahn
Von sant Erendrudis .j. zahn
Von sant Ludmilla .iiij. partickel
Von sant Ludmille arm ein partickel
Von den haren sant hedwigis ein partickel ein Epttissin gewest zu Trebenitz Von yrem gebeyn .vij. partic. Ein groß partick. von yrem arm Von yrem gehirn .j.. partickel Von yrem haubt ein partickel
Zwey partickel auß der geselschafft Sant Affre
Eyn partickel sante Digne eine auß der geselschafft sant Affre
Võ d jewel sant Affre doran sie gemartert. j. pti.
Von den gebeyn sant Affre .ij. partickel.
Von sant Hylaria ein muter sant affre iiij. pti.
Vñ sant Gereonis ei kõnigin gewest zu Cipria

Sũma .xxviij.

Zum dritten ei klein monstrantz mitt einer Brillen mit vil ecken
Von sant Eufrosina .j. partickel
Von sant Emerentiana .j. part.
Von sant Notburgis .j. partic.
võ sãt Tecla j. pt
Von sant Eufemia. j. partickel
Vom haupt sant Eufemia .j. ptic.
Sũma .vj. ptic.

Zum iiij.
Ein kleyn silber vbergult monstrãtz mit einer vbergulten roß vñ rũden brillẽ võ sant sophia witwe j. pti. võ sãt sophia stück vom vñ merterin. j pti. võ sãt bengna. j. ptic. võ sãt spe. j. pti von sant gregoria. j. pti. Von sãt leymina. j. p võ sant wendelina. ij. pti. von sãt beatrice j. pt
Ein zahn sant Beatricis Sũma .x. ptic.

nach seiner Rückkehr nach Sachsen für sich ein privates Heiltum- und Ablaßbuch anfertigen ließ. Der Reliquienertrag der Pilgerfahrt wird darin aufgelistet: Überwiegend handelt es sich um Steine, Erden und andere Berührungsreliquien, die aufgelesen oder von Händlern erworben worden waren. Zum Beispiel wird ein Stein aufgeführt *„von der stat do die heilige Frau sant maria Magdalena gepüst hat"*.[10] Es läßt sich aus der Niederschrift in Umrissen das Besichtigungsprogramm der hohen Herren nachzeichnen, das kaum eine der Gedächtnisstätten im Heiligen Land ausließ. Das Wittenberger Heiltum spiegelt auch den nachhaltigen Eindruck dieser Reise wider. Friedrich ließ von seinen Reliquienschätzen 1509 ein mit Holzschnitten von Lucas Cranach d. Ä. illustriertes Heiltumbuch drucken.[11] Der junge Erzbischof lehnte sich beim Ausbau seines Heiltums in Halle eng an das Vorbild der Reliquiensammlung des kurfürstlichen Bruders an.

Für die Reliquien, die Ernst als Geschenk oder durch Kauf erwarb, ließ er durch einheimische und auswärtige Goldschmiede kostbare „Kleider" – so die spätmittelalterliche Benennung der Reliquiare – anfertigen. Wie schon als Bauherr erwies er sich auch als Auftraggeber für Kunsthandwerker, Maler und Bildhauer als kunstsinniger Mäzen. Die schöne Skulptur der hl. Katharina über dem Eingang des Torturms der Moritzburg stammt wohl aus seiner Amtszeit. Hofgoldschmied des Erzbischofs war der angesehene Bürger und Ratsherr Hans Hujuff (um 1470–1536). Nachweislich hat er mindestens sechs silbergetriebene, figürlich geschmückte Platten für die Einbände von Plenarien (vermutlich Reliquiare in Buchform), ein silbernes Sargreliquiar, vier silbervergoldete Vortragekreuze mit Perlmutteinlagen, einen kapellenförmigen Reliquienschrein, ein Lesepult und eine silberne Reliquienbüste der Maria Magdalena geschaffen. Die hohe Qualität der Goldschmiedearbeiten kann anhand der Zeichnungen in dem schon erwähnten Heiltumbuch-Manuskript in Aschaffenburg überprüft werden. Zwei Goldkelche, die reich mit Filigran und Perlen geschmückt sind, haben sich erhalten und werden heute im Dom zu Uppsala, bzw. im Staatlichen Historischen Museum in Stockholm aufbewahrt. Sie waren während des Dreißigjährigen Krieges von den Schweden erbeutet worden.

Während über den Reliquien- und Kleinodienschatz des Erzbischofs Ernst in den Heiltumbüchern und den Testamenten von 1503 und 1505 gesicherte Nachrichten vorliegen, sind über die Gemälde und Altarretabel der Burgkapelle keine schriftlichen Belege nachzuweisen.[12] Durch glückliche Umstände haben sich zwei Wandelaltäre erhalten, die aller Wahrscheinlichkeit nach ursprünglich in der Maria-Magdalenen-Kapelle standen. 1838 kaufte nämlich der Justizkommissar und Kunstsammler F. W. Wilke von der Domgemeinde drei Altäre für 25 Taler. Da beide Kirchen dem Magdeburger Erzstift unterstanden – auch noch nach der Einführung der Reformation – und Ende des 17. Jahrhunderts die Kapelle der Moritzburg der französisch-reformierten Gemeinde überlassen wurde, die sich später mit der deutsch-reformierten Gemeinde in der Domkirche zusammenschloß, ist es wahrscheinlich, daß sie aus der Moritzburg in den Dom gelangten. Zwei der drei Altäre wurden Jahrzehnte später von der Berliner Gemäldegalerie und vom Germanischen Nationalmuseum in Nürnberg erworben.[13] Beide Altäre schuf der Nürnberger Maler Hans Baldung gen. Grien. Der im Germanischen Nationalmuseum aufbewahrte Altar trägt das Monogramm HB und die Jahreszahl 1507. Auf der Mitteltafel des Berliner Altars sind die hl. Drei Könige dargestellt. Die mittlere Figur zeichnet sich durch fürstliche Kleidung und porträthafte Gesichtszüge aus. Es handelt sich mit großer Wahrscheinlichkeit um ein Bildnis Erzbischof Ernsts.

Als Landesherr und als Kirchenfürst zählte Ernst zu den fähigsten Erzbischöfen des ausgehenden Mittelalters. Den ehrgeizigen Plan, in der Maria-Magdalenen-Kapelle zu Halle ein Kollegiatstift einzurichten, verwirklichte er nicht mehr. Er starb 1513 auf der Moritzburg in Halle an der „Französischen Krankheit". Die Syphilis war im 16. Jahrhundert im weltlichen wie im geistlichen Adel weit verbreitet. Ernst wurde im Magdeburger Dom in einer von der Werkstatt Peter Vischers d. Ä. in Nürnberg gegossenen, mit zahlreichen vollplastischen Figuren ausgestatteten Bronzetumba beigesetzt. Seine Grabkapelle zwischen den Westtürmen hatte er schon zu Lebzeiten reich ausstatten lassen. Sein Herz freilich wurde wunschgemäß in der Magdalenenkapelle der Moritzburg in Halle bestattet, in dem von ihm wohl am meisten geschätzten Bauwerk.

Kardinal Albrecht von Brandenburg (1490–1545), Kupferstich von Albrecht Dürer 1523: „Der große Kardinal“

Von Erzbischof Ernst haben sich wenige persönliche Zeugnisse erhalten, so daß es schwierig ist, ein Charakterbild von ihm zu zeichnen. Die lokale Geschichtsschreibung wertet Ernst meist negativ, als den Fürsten, der Halle die städtische Freiheit nahm. Jedoch sind der Ausbau der Landesherrschaft und die Einrichtung von Verwaltungszentren am Übergang zum 16. Jahrhundert folgerichtig, und man kann diese Tendenz auch in anderen Ländern des Reiches beobachten. Ernst leitete die Umgestaltung der Stadt von einem mittelalterlichen Ort des Handels und Zunftgewerbes in eine neuzeitliche erzbischöfliche Residenz ein. Sein Nachfolger setzte das Begonnene fort.

Kardinal Albrecht von Brandenburg (1490–1545)

Als Nachfolger auf dem Magdeburger Bischofsthron wählte das Domkapitel am 31. August 1513 Albrecht, den Sohn des brandenburgischen Kurfürsten Johann Cicero von Hohenzollern. Noch im gleichen Jahr wurde Albrecht als Administrator des Bistums Halberstadt und ein Jahr später zum Erzbischof von Mainz gewählt.[14] Damit stieg der Vertreter des Kurfürstentums Brandenburg schon im Alter von 24 Jahren zum mächtigsten Kirchenfürsten des Reiches auf.

Albrecht wurde als letztes von sieben Kindern am 28. 6. 1490 in Berlin-Cölln geboren. In mütterlicher Linie war er mit den Wettinern und den Habsburgern verwandt. Wie üblich bei nachgeborenen Söhnen, wurde er für die kirchliche Laufbahn bestimmt. Da sein Vater bereits 1499 und die Mutter 1501 verstarben, übernahm die Erziehung und Förderung sein älterer Bruder und Nachfolger als Kurfürst, Joachim I. Nestor. Die lateinischen Beinamen weisen auf den humanistischen Bildungsanspruch des brandenburgischen Hofes hin. Albrecht erhielt die einem Fürstensproß angemessene Hausschulausbildung im Berliner Schloß. Zu seinen Lehrern gehörten wohl auch Professoren der 1505 gegründeten und 1506 eröffneten brandenburgischen Universität „Viadrina" in Frankfurt a. d. Oder, die schnell zu einem Zentrum des Humanismus im Nordosten Deutschlands wurde. Ob Albrecht zeitweise an der Viadrina studierte, ist strittig.[15] Die ersten kirchlichen Weihen empfing er durch den Bischof von Lebus, Dietrich von Bülow. Vermutlich traf Albrecht in den Anfangsjahren der Universität mit Ulrich von Hutten zusammen, den er in späteren Jahren ungewöhnlich großzügig förderte.

Die geistliche Laufbahn begann Albrecht als Domizellar im Mainzer Domstift 1510. Die Kosten von 16 000 rheinischen Gulden für die Hofhaltung des jungen Domherren übernahm dessen Bruder Joachim. In Anbetracht der Neigung zur Verschwendung mußte Albrecht seinem Bruder versichern, keine Schulden zu machen.

Der frühe Tod des Erzbischofs von Magdeburg, Ernst von Sachsen, eröffnete dem Haus Brandenburg die Chance, seinen Einflußbereich zu erweitern. Mit erheblichem Aufwand erreichte es Kurfürst Joachim, das Domkapitel für die Wahl seines Bruders Albrecht zu gewinnen. Unterdessen war auch die erzbischöfliche Kathedra von Mainz vakant geworden. Joachim setzte auch hier die Wahl beim Domkapitel durch. Schwierig erwies es sich, die Wahl bei der römischen Kurie bestätigen zu lassen. Auf dem V. Laterankonzil, das seit 1512 tagte, hatte Papst Leo X. bestimmt, daß hohe Kirchenämter erst mit Erreichen des kanonischen Alters von 30 Jahren angetreten werden könnten und ein Dispens frühestens mit 27 Jahren erfolgen würde. Außerdem seien Ämterhäufungen zu vermeiden. Gegen diese Bestimmungen, die der verbreiteten Unsitte begegnen sollten, Knaben des Adels frühzeitig als Kirchenfürsten einzusetzen, verstieß Albrecht mithin mehrfach. Gegen den hohen Ablösebetrag von 30 000 Dukaten bestätigte der Papst die Wahlen und genehmigte außerdem, daß Albrecht bereits 1514, also kaum 25-jährig, im Magdeburger Dom die Weihen als Erzbischof empfing. So viel Geld konnten weder Albrecht noch sein Bruder sofort aufbringen, und sie mußten einen Kredit beim Bankhaus Fugger aufnehmen. Zu dessen Abtragung gestand der Papst dem jungen Erzbischof die Hälfte vom Erlös des Jubelablasses für den Neubau der Peterskirche zu, den er in seinem Amtsbereich erzielen würde.

Wie sein Vorgänger Ernst wählte auch Albrecht die Moritzburg in Halle als bevorzugten Wohnsitz und Residenz. In prunkvollem Geleit zog Albrecht am 22. Mai 1514 in die Saalestadt ein und ließ sich von der Bevölkerung huldigen. Eine der ersten nachweisbaren Handlungen war die Neuweihe der Maria-Magdalenen-Kapelle in der Moritzburg, des Hortes des von Erzbischof Ernst begründeten Heiltums. Die figurenreiche, im Hochrelief ausgeführte Weihetafel trägt das Datum vom 22. Juli 1514. Sie wurde nachträglich vom Bildhauer Peter Schroh in Mainz gefertigt. Die Weihetafel bot dem jungen Kirchenfürsten die Gelegenheit, auf seine geistlichen und weltlichen Besitzungen hinzuweisen. Außerdem ließ er von Lucas Cranach d. Ä. einen Titelblattholzschnitt für das Heiltum anfertigen (Abb. S. 287). Bald erlangte Albrecht noch höhere kirchliche Würden. Auf Betreiben seines Bruders, des brandenburgischen Kurfürsten Joachim I., erhob Papst Leo X. 1518 Albrecht zum Kardinal. Die Amtsinsignien wurden ihm im gleichen Jahr auf dem Reichstag zu Augsburg durch die Kardinäle Cajetan und Land feierlich übergeben. Damit hatte Albrecht bereits mit 28 Jahren die höchsten im Reich zu erlangenden geistlichen Würden erreicht. Bezeichnend ist der Wahlspruch, den Albrecht für sich wählte: „Herr, ich liebe die Zierde Deines Hauses".[16] Freude am Prunk und an kostspieliger Repräsentation begleiteten ihn lebenslang und ließen ihn schließlich auch scheitern!

Das Kollegiatstift und sein Reliquienschatz

Den übernommenen Reliquienschatz erweiterte Albrecht durch Schenkungen und Ankäufe, aber auch durch „Gaben" aus den Domen von Mainz und Magdeburg sowie aus anderen Kirchen seiner Bistümer. In Halle wurden als erstes die Reliquien und Altargeräte der Moritzkirche transloziert. Unter Albrecht wandelte sich das Heiltum zu einer fürstlichen Sammlung. Kleinodien wurden eingefügt, bei denen die Reliquienpartikel anscheinend nur zur Rechtfertigung der Aufnahme der Kleinkunstwerke in das Heiltum dienten. Beispiele dafür bieten der knorrige Silberbaum mit einer Perlmuttmuschel (Bl. 117r) oder das orientalische Kristallglas (Bl. 110 v). Mit welcher Sammelleidenschaft Albrecht das Heiltum erweiterte, läßt sich am Beispiel der Kopfreliquie des hl. Erasmus nachzeichnen. Erasmus gehörte zu den Patronen des halleschen Stifts. Die Körperreliquie des Heiligen war im Heiltum vorhanden, der Kopf hingegen befand sich im Kloster Oliva bei Danzig. Albrecht beauftragte 1517 den magdeburgischen Kanzler Lorenz Zoch, die Reliquie für Halle zu erwerben, auch wenn beträchtliche Geldmittel (300 Gulden!) dafür verwendet werden müßten. Um ganz sicher zu gehen, erbat er darüber hinaus vermittelnde Dienste des Hochmeisters des Deutschen Ordens in Preußen, des Herzogs von Pommern und der Stadt Danzig. Das Unternehmen hatte Erfolg, wie die Reliquienbüste des hl. Erasmus im 6. Gang (Bl. 57v) des Heiltumbuches belegt.[17]

1519 erhielt Albrecht von Papst Leo X. die Erlaubnis zur Errichtung eines Kollegiatstifts in Halle. Mit großem Aufwand ließ er die im 13. Jahrhundert gegründete Klosterkirche der Dominikaner, die seinerzeit weitaus größte Kirche von Halle, zur Stiftskirche ausbauen. Den bisherigen Hort des Heiltums, die Maria-Magdalenen-Kapelle der Moritzburg, hielt er als Stiftskirche für zu klein, auch wäre bei dem zu erwartenden Volksandrang bei den Heiltumszeigungen möglicherweise die Sicherheit des Residenzschlosses gefährdet worden. Die Dominikanermönche mußten 1520 in die Klausur der Moritzkirche übersiedeln.

Als Baumeister für die Umgestaltung der Bettelordenskirche in den „modernen“ Formen der Frührenaissance verpflichtete der Kardinal Bastian Binder, der zuvor die Westtürme des Magdeburger Domes vollendet hatte. Eine erste Neuweihe der Stiftskirche (heute: „Dom“) fand nach Ausweis der Weihetafeln 1523 statt, doch wurde der Rundgiebelkranz erst 1524 aufgesetzt. Am Südportal und an der Konsole des Mauritius am Pfeilerfigurenzyklus findet sich die Jahreszahl 1525, an der Kanzel das Datum 1526.

Für die Ausstattung der Kirche gewann Albrecht hochrangige deutsche Künstler. Als Bildhauer war Peter Schroh aus Mainz tätig. Er schuf eine der Weihetafeln und den Zyklus der Pfeilerfiguren: Christus Salvator, die Apostel und die Namenspatrone des Stifts Mauritius, Maria Magdalena und Erasmus. In den zartgliedrigen Baldachinen fanden die 14 Nothelfer Platz. Inschriften in den Gewandsäumen der Heiligen „ORA PRO NOBIS“ erbitten das Seelenheil für den Stifter und die Gottesdienstbesucher. Die Skulptu-

Die Kirche des Neuen Stifts (heute „Dom“), in der sich das Heiltum und das Grabmal Kardinal Albrechts bis 1541 befanden. Der Kirchenfürst hatte die alte Dominikaner-Klosterkirche in den Formen der Frührenaissance umbauen und mit einer Rundbogenattika bekrönen lassen. Kupferstich aus der Dreyhauptschen Chronik (wie Anm. 1), Bd. 1, S. 1096

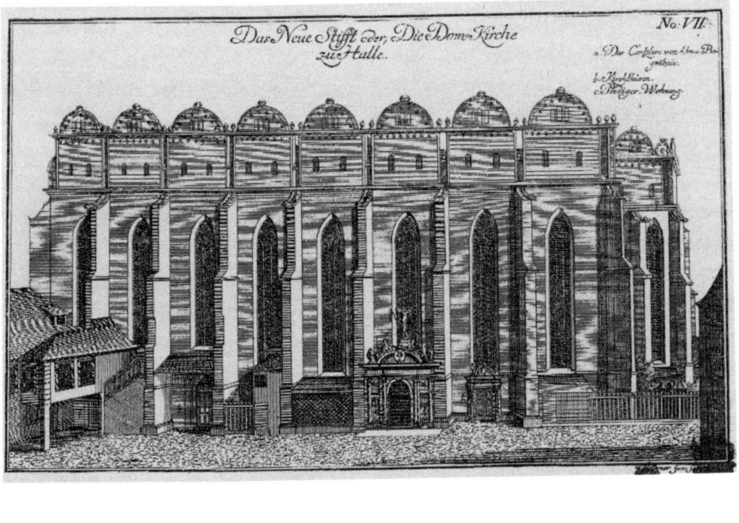

ren sind ein bezeichnendes Beispiel des erregt-nervösen Figurenstils beim Übergang der spätesten Gotik zur Renaissance.

Mehrere Altartafeln schuf der nach Halle berufene Matthias Grünewald. Den weitaus umfangreichsten Auftrag für Tafelgemälde erhielt Lucas Cranach d. Ä., der allein mit seiner leistungsfähigen Werkstatt in Wittenberg in der Lage war, in kurzer Frist weit über einhundert Bildtafeln zu liefern. Es ist merkwürdig, daß in unmittelbarer Nachbarschaft des Reformators Martin Luther Heiligenbilder für dessen altgläubigen Widersacher entstanden![18]

Die Stiftskirche wurde zu einem großartigen, monumentalen *Gehäuse* für das Heiltum ausgebaut. Die Bekrönung des Gebäudes mit der Rundbogenattika erinnert in der Form an ein Hausreliquiar. Die Innenausstattung unterwarf sich einer Inszenierung der Heiligenverehrung. Die Gottesdienstordnung legte fest, wann welche Reliquien zu welchen Festen auf den Altären auszustellen seien.[19] Meist bezogen sich die Reliquien auf die an den Seitenflügeln der Wandelaltäre dargestellten Heiligen. Die Reliquien bezeugten gegenständlich die Wahrhaftigkeit ihres Lebens und Martyriums.[20] Zu den kirchlichen Hauptfeiertagen waren schauspielhafte Zeremonien vorgeschrieben. Am Himmelfahrtstage stellten am frühen Nachmittag (der Non) Bedienstete des Stifts, zu denen auch ein Goldschmied gehörte, Figuren des Christus Salvator, der Maria und der Apostel für das heilige Schauspiel inmitten der Kirche bereit. Dechant, Propst und Stiftsherren ordneten sich in festlichen Gewändern zur Prozession, bei der die Heiligenfiguren, begleitet von Fahnenträgern, Musikanten und Sängerknaben, durch den Kreuzgang und zurück zum Mittelschiff getragen wurden. Hier stellte man auf teppichüberdeckten Tischen die Figuren des Salvator, der Maria und (halbkreisförmig angeordnet) der Apostel auf, gleichsam als Bühnenbild der Himmelfahrt Christi. Unterdessen wurden an Seilen, die man durch den offenen Ringschlußstein des Gewölbes (das „Himmelsloch“) führte, zwei Engel mit brennenden Kerzen herabgelassen. Begleitet von Gesängen und liturgischen Lesungen wurde die Christusfigur an einem Seil befestigt und langsam zum Gewölbe hochgezogen. Stiftsherren hielten ausgebreitet einen Teppich unter die Figur, um sie bei einem möglichen Absturz aufzufangen.[21] Es handelte sich um eine außerordentlich wertvolle silbervergoldete Statuette, vermutlich eine Nürnberger Goldschmiedearbeit, die Kaiser Maximilian dem Erzbischof Ernst 1510 geschenkt hatte. Das Wappen des Kaisers befand sich am Sockel der Figur. Im Heiltumbuch ist sie auf Blatt 22v abgebildet.

Albrecht war kein ausgebildeter Theologe. Als Mitglied des Hauses Hohenzollern vertrat er dessen dynastische Interessen. Bemerkenswertes leistete er auf dem Gebiet der Landespolitik in seinem Kurfürstentum Mainz und dem Erzbistum Magdeburg. Bereits 1516 setzte er in Mainz ein Hofgericht ein und erließ eine Gerichtsordnung. 1525 folgte eine Landesordnung. Er förderte die Universitäten seines Herrschaftsbereiches Mainz und Erfurt. Hingegen hatte er an einer Mitwirkung an der römischen Kurie offensichtlich kaum Interesse. In seiner Amtszeit als Kardinal fanden drei Papstwahlen statt. An keinem Konklave nahm er teil und verzichtete somit auf das Wahlrecht. Der Erzbischof von Mainz gehörte neben den Amtsinhabern von Köln und Trier zu den drei geistlichen Kurfürsten, denen zusammen mit den vier weltlichen Kurfürsten die Königswahl oblag. Albrecht hatte daher schon von Amts wegen enge Beziehungen zu den Kaisern Maximilian I. (1486–1519) und dessen Enkel Karl V. (1519–1556). An der Krönungszeremonie für Karl zum Römisch-deutschen Kaiser 1520 in Aachen war Albrecht als Erzkanzler des Reiches maßgeblich beteiligt. Karl erschien zur Krönung gekleidet als hl. Mauritius in einer Prunkrüstung. Mauritius war Schutzpatron des Heiligen Römischen Reiches Deutscher Nation und zugleich Namensheiliger des Erzbistums Magdeburg. Karl soll nach der Zeremonie Albrecht die Rüstung geschenkt haben. Vermutlich diente die Rüstung dem Goldschmied als Vorbild, als er die Silberstatue des hl. Mauritius für das hallesche Stift schuf. Die Statue wird im Aschaffenburger Manuskript des Halleschen Heiltums abgebildet[22]. Albrecht verhielt sich stets loyal gegenüber dem Monarchen, dessen Herrschaftsgebiet von Deutschland und Italien über die Niederlande und Spanien bis zu den Kolonien in der neuen Welt reichte, in dessen Reich „die Sonne nicht unterging". Zur Erinnerung an den Sieg Karls über Franz I. von Frankreich 1525 bei Pavia ließ Albrecht 1526 in Mainz einen Brunnen errichten, dessen Inschriften die Verdienste des Kaisers rühmen. 1531 setzte Karl V., der sich als Kaiser und als König des spanischen Weltreiches um die deutschen Belange nicht mehr ausreichend bemühen konnte, seinen Bruder Ferdinand I. (1531–1564) als römisch-deutschen König ein. Bei der Wahl- und Krönungszeremonie in Köln und Aachen übte Albrecht selbstverständlich sein Amt als Kanzler aus. Für ihn als geistlichen Renaissancefürsten gehörten Prachtentfaltung und Repräsentation zum Selbstverständnis.

Die Luthersache

Der glanzvolle Aufstieg des jungen Kirchenfürsten wurde unerwartet durch die leidenschaftlichen Schriften des Mönches und Theologieprofessors in Wittenberg, Martin Luther, überschattet. Erzürnt durch den hauptsächlich auf Gelderlös zielenden Ablaßhandel, der in der Kirchprovinz Magdeburg durch den berüchtigten Ablaßprediger Johannes Tetzel (um 1465–1519) durchgeführt wurde, verfaßte und veröffentlichte Luther 1517 die 95 Thesen, mit denen die Reformation eingeleitet wurde. Die Thesen erschienen nicht nur in lateinischer Sprache, wie bei akademischen Disputationen üblich, sondern auch in der deutschen Volkssprache und wandten sich somit an die gesamte Bevölkerung. An Albrecht, der sich zu dieser Zeit in Aschaffenburg aufhielt, übersandte Luther die Thesen zusammen mit einem lateinisch verfaßten Brief am 31. Oktober 1517. In ehrerbietiger, fast unterwürfiger Form wandte sich der Augustiner-Eremit an seinen obersten geistlichen Herren: „*Hochwürdiger Vater in Christus, durchlauchtigster Kurfürst wollen meiner verschonen, daß ich, der Geringsten einer, so sehr vermessen bin und es gewagt habe, einen Brief an Eure über alle Maßen erhabene Hoheit überhaupt in Erwägung zu ziehen.*“ Luther geißelte weniger den Ablaß als den marktschreierischen Handel mit Ablaßbriefen, der (vielleicht ohne Wissen des Erzbischofs) beim armen Volke den Eindruck erwecken würde, man könne, ohne Buße, sich von Sünden freikaufen. „*Die unseligen Leute meinen nämlich, wenn sie Ablaßbriefe lösen, seien sie ihrer Seligkeit gewiß, ebenso daß die Seelen ohne Verzug aus dem Fegefeuer fahren, sobald sie ihre Zahlung in den Kasten legen.*“ Anstelle der Ablaßversprechung solle das Evangelium gepredigt werden.[23]

Albrecht mahnte daraufhin brieflich seine Magdeburger Räte, Anstößiges beim Ablaßhandel einzustellen, und übergab die Thesen den Professoren der Mainzer Universität zur Prüfung. Ohne das Ergebnis abzuwarten, schickte er die Thesen aber auch an die Kurie nach Rom. Es ist zu bezweifeln, ob ihm klar war, daß er dadurch die „Luthersache“ aus der Diözese Magdeburg hinaus zu einem die Gesamtkirche betreffenden Glaubensstreit erhob. In der Zeit der Herstellung des Halleschen Heiltumbuches, also im Sommer und Herbst 1520, eskalierte die Auseinandersetzung. Im Vorwort des Heiltumbuches versprach Albrecht den Gläubigen immer noch, daß jeder, der ein Gebet zu Gott dem Allmächtigen spreche und ein Almosen dem Stift reiche, *„erledigung und abwaschung der sunde"* erlange. Am 15. Juni 1520 drohte Papst Leo X. in der Bulle „Exsurge Domine" den Kirchenbann gegen Luther an und ließ dessen Schriften verbrennen. Im Gegenzug warf Luther vor den Toren Wittenbergs am 19. Dezember Bücher des kanonischen Rechts und die Bannbulle ins Feuer. In der Zwischenzeit war das Hallesche Heiltumbuch erschienen, das vermutlich Luther in seiner schroffen Reaktion bestärkte. Auf die demonstrative Mißachtung des kirchlichen Rechts erging bereits am 3. Januar 1521 die päpstliche Bulle, die Luther mit der Exkommunikation belegte.

Darüber hinaus wies die Kurie Albrecht an, die theologische Auseinandersetzung mit Luther, der ja in der Magdeburger Diözese wirkte, zu führen. Albrecht, der harte Konflikte scheute, versuchte Luther zur Mäßigung zu bewegen. Zurückhaltung in Streitfragen entsprach seiner erasmisch-humanistischen Geisteshaltung.

In den folgenden Jahren breiteten sich Luthers reformatorische Glaubenssätze wie ein Lauffeuer in Deutschland aus. Die junge Druckerkunst sorgte für eine rasche Verbreitung seiner Schriften. Von der Schrift *„Ein Sermon von Ablaß und Gnade"*, in der allgemeinverständlich die Ablaßthesen dargestellt wurden, erschienen zwischen 1518 und 1520 allein 25 Ausgaben. Ulrich von Hutten, vom Kardinal bis dahin hochgeschätzt, bekannte sich offen zur Reformation und versuchte, Erasmus von Rotterdam für Luther zu gewinnen. Der aufrührerische Pfarrer Thomas Müntzer predigte in der Georgenkirche vor den Toren der Stadt Halle. Albrecht mußte zur Kenntnis nehmen, daß er nicht mehr über die Gesamtheit der Gläubigen in seinen Bistümern gebot. 1520, das Jahr, in dem das Hallesche Heiltumbuch gedruckt wurde, war entscheidend für die Ausbreitung der Reformation weit über die Grenzen Mitteldeutschlands hinaus. In den in diesem Jahr von Luther veröffentlichten Schriften: *„Von den guten Werken"*, *„Von dem Papsttum zu Rom wider den hochberühmten Romanisten zu Leipzig"* und *„An* *den christlichen Adel deutscher Nation von des christlichen Standes Verbesserung*", umriß er seine entscheidenden Glaubensgrundsätze. Luther konnte nun dem Kardinal ohne Umschweife mit Forderungen gegenübertreten.

Nachdem Luther auf dem Reichstag zu Worms am 17. und 18. April 1521 vor Kaiser Karl V. einen Widerruf seiner Glaubenserkenntnis abgelehnt hatte, wurde über ihn die Reichsacht verhängt. Im Schutz seines Landesherrn, des sächsischen Kurfürsten Friedrichs des Weisen, konnte Luther als Junker Jörg von der Wartburg aus sein Reformwerk fortsetzen. Er übersetzte hier das Neue Testament ins Deutsche. Von hier aus startete er einen neuen Angriff gegen den Ablaßhandel und das Heiltum, das er den „Abgott zu Halle" nannte. In einem Brief vom 1. Dezember 1521 forderte er Kardinal Albrecht ultimativ auf, die Heiltumszeigung einzustellen. Er warnte vor „wüsten, verführerischen, geldsüchtigen Predigern und den ketzerischen, abgläubigen Büchern" – worunter er

Martin Luther als Augustinermönch im Jahre 1520. Kupferstich von Lucas Cranach d. Ä., dessen Signatur sich in Form einer geflügelten Schlange am unteren Bildrand befindet.
Die in metrischer Form gehaltene Bildunterschrift besagt ins Deutsche übersetzt:
Luther selbst formt das ewige Bild seines Geistes/Lucas aber zeichnet das vergängliche Gesicht.

wohl auch das Heiltumbuch zählte. „*Zum anderen bitte ich E.K.F.G.* (Euer Kur-Fürstlichen Gnaden/d. Hg.) *wollten sich enthalten, und die Priester mit Frieden lassen, die sich, Unkeuschheit zu meiden, in den ehelichen Stand begeben haben …*" Zum Abschluß des über drei Druckseiten langen Briefes warnt er den Kardinal: „*Hierauf bitte und warte ich E.K.F.G richtige schleunige Antwort, inwendig 14 Tagen, denn nach bestimpten 14 Tagen wird mein Büchlin wider den Abgott zu Halle ausgehen, wo nicht kommet eine gemeine Antwort.*" Unter dem „Büchlin" verstand Luther offenbar eine Streitschrift gegen das hallesche Stift, deren Erscheinen indes (wohl wegen ihres derb verletzenden Inhalts) durch Spalatin, Melanchthon und den Kurfürsten unterbunden wurde.

Schon am 21. Dezember 1521 antwortete Albrecht aus Halle auf Luthers Brief. Er nahm die Demütigung auf sich, nur um sein Kollegiatstift mit dem kostbaren Reliquienschatz erhalten zu können: „*Lieber Er Doctor! Ich hab Euern Brief, welchs Datum stehet am Sonntag nach Katharine* (1. Dez./d. Hg.) *empfangen und verlesen, und zu Gnaden und allem Guten angenommen, versehe mich aber gänzlich, die Ursach sei längst abgestellt, so Euch zu solchem Schreiben bewegt hat. Und will mich, ob Gott will, dergestalt halten und erzeigen, als einem frommen geistlichen und christlichen Fürsten zusteht, als weit mir Gott Gnade, Stärke und Vernunft verleihet, darumb ich auch treulich bitte und lassen bitten will. Denn ich von mir selbst nichts vermag, und bekenne mich, daß ich bin nötig der Gnaden Gottes, wie ich denn ein armer sündiger Mensch bin, der sündigen und irren kann, und täglich sündiget und irret, leugne ich nicht; ich weiß wohl daß ohne die Gnade Gottes nichts Gutes an mir ist, und sowohl ein unnützer stinkender Kot bin, als irgend ein ander, wo nicht mehr.*"…

„*Das habe ich auf Euer Schreiben gnädiger Wohlmeinung nicht wollen bergen, denn Euch Gnad und Guts umb Christus willen zu erzeigen, bin ich williger denn willig. Brüderliche und christliche Strafe kann ich wohl leiden. Hoffe, der barmherzige, gütige Gott werde hierin fürder Gnade, Stärk und Geduld verleihen, seins Willens in dem und anderem zu leben. Datum Halle, am Tage Thomae Apostoli, Anno 1521.*"

„*Albertus manu propria.*"[24] [eigenhändig]

Es ist schon verwunderlich, daß Albrecht den „lieben Dr. Luther“, trotz dessen Ächtung, als Autorität in Glaubenssachen anerkannte. Heiltumszeigungen unterließ Albrecht von dieser Zeit an, was für ihn mit vorher nicht einkalkulierten finanziellen Verlusten verbunden war. Auf die Leidenschaft des Reliquien- und Kleinodiensammelns vermochte er jedoch nicht zu verzichten. Kirchenschätze fielen dem halleschen Stift auch durch die Auflösung von Klöstern zu, wie z. B. des altehrwürdigen Neuwerkklosters vor den Toren der Stadt. Aus den zur Reformation übergetretenen Gebieten konnte Albrecht wohlfeil oder geschenkt Reliquien erwerben. Er sammelte sie aber nun nicht mehr, wie in seinen Jugendjahren, vorrangig des künstlerischen und materiellen Wertes der Reliquiare wegen, sondern in Verehrung der Heiligen und im Bestreben, die Reliquien vor Verlust oder gar Vernichtung durch die Protestanten zu retten.[25]

Auch in der Folgezeit verhielt sich Albrecht gegenüber Luther noch nachgiebig. Als Luther 1525 die Nonne Katharina von Bora heiratete, übersandte Albrecht als Geschenk 20 Gulden. Luther wollte das Geld zurückweisen, doch die Lutherin verwahrte es geschwind in der Haushaltskasse! Luther versuchte seinerseits, Albrecht zur Ehe zu bewegen. Schließlich hatte auf Rat des Reformators der Vetter des Kardinals, der Hochmeister des Deutschen Ritterordens, gleichfalls mit Namen Albrecht (1490–1568), sein geistliches Amt aufgegeben und das Ordensland in ein weltliches Fürstentum umgewandelt.

Erst das unaufhaltsame Fortschreiten der Reformation und die Ereignisse des Bauernkrieges veranlaßten Albrecht, mit Strenge gegen die Vertreter des neuen Glaubens vorzugehen. 1534 verwies er die Ratsherren von Halle, die zur Reformation übergewechselt waren, mit ihren Familien aus seiner Residenzstadt. 1535 ließ Albrecht seinen Bauleiter Hans Schenitz, der für ihn Einkäufe und Geldgeschäfte erledigte, unter der Anschuldigung der Unterschlagung verhaften und hinrichten. Luther geißelte dieses Vorgehen des Kardinals auf das schärfste![26]

Erst spät, als sich die Reformation bereits über Mitteleuropa ausgebreitet hatte, besann sich Albrecht darauf, die theologische Auseinandersetzung mit Hilfe des neuen Mediums, der Druckpresse, zu führen. Dem Bedürfnis der Bevölkerung, die Heilige Schrift auch deutsch lesen zu können, entsprach auch die katholische Seite. 1527 erschien bei Wolfgang Stöckel (dem vermutlichen Drucker des Heiltumbuches) in Dresden das Neue Testament deutsch, übersetzt von dem Priester Jeronymus Emser, auf „Befehl" des Herzogs Georg zu Sachsen und der Bischöfe von Meißen und Merseburg. Im Vorwort polemisiert Emser heftig gegen Luther, äußert aber auch sein Bedenken, ob es richtig sei, dem gemeinen Mann die Bibel in der Volkssprache zugänglich zu machen. Emser lehnte sich unverkennbar an die Übersetzung Luthers an. Zur Illustration der *Offenbarung des Johannes* verwendete er den Holzschnittsatz von Lucas Cranach, der für die Luthersche Übersetzung entstanden war.[27] Offensichtlich in Albrechts Auftrag erschien 1532 von Michael Vehe, dem Propst des Neuen Stifts und späteren Weihbischof von Halberstadt, eine Rechtfertigungsschrift zur Verehrung der Heiligen: „*Wie underschydlicherweis/Gott und seine auserwelten Heiligen/von uns Christen sollen geehret werden. Von Lob/Preiss/Fürbitte/Anruffung und Verdienst der Heiligen.*" Der Hofkaplan des Herzogs Georg von Sachsen, Johannes Cochläus (1479–1552), veröffentlichte Streitschriften gegen Luther. Cochläus wich vor der Reformation 1539 von Meißen nach dem habsburgischen Breslau aus, wo er bis zu seinem Tode als Domherr verblieb.[28]

Das Ende des Neuen Stifts und des Halleschen Heiltums

Die Stiftskirche in Halle hatte der Kardinal schon frühzeitig als Grablege für sich vorgesehen. Für das prunkvolle Grabmal fertigte die berühmte Vischersche Bronzeguß-Werkstatt in Nürnberg eine Bildnisgrabplatte mit Inschrifttafel (1525), ein Epitaph mit einem Marienbild (1530) und einen Baldachin (1536), die sich heute in der Stiftskirche zu Aschaffenburg befinden. Zur Grabanlage gehörten auch eine steinerne Grabtumba, mehrere Bronzeleuchter und an Ketten schwebende Engel. Da in der Kirche Spuren der Grabmalanlage nicht erkennbar sind, läßt sich aus den spärlichen schriftlichen Zeugnissen die Fürstengruft nur in Umrissen rekonstruieren. Eine steinerne Grabtumba befand sich im westlichen Mittelschiff. Sie scheint bei einer Planänderung aufgegeben worden zu sein. Da Albrecht nach mittelalterlichem Brauch als Stifter der Kirche eine Grablege im Chor zustand, ließ er den Chorraum bis zum Lettner als Grabkapelle ausbauen. [29] Den Mittelpunkt bildenten Tumba und Baldachin, umrahmt von Bronzeleuchtern und Engeln.[30] In die seitlichen Wände waren die Bronzeplatten eingelassen.

Die Renaissance war das Zeitalter eines gesteigerten Selbstwertgefühls der Fürsten, die durch Grabmalsbauten ihren Nachruhm sicherten. Auf Hoftagen war sicherlich zu dieser Zeit der Plan für das monumentale, vielfigurige Grabmal für Kaiser Maximilian I. in der Hofkirche zu Innsbruck ein allgemeines Gesprächsthema. In der Folgezeit wurden Fürstengrüfte häufiger in Kirchenchören eingebaut, wie für Friedrich den Weisen und Johann den Beständigen in der Schloßkirche zu Wittenberg und für Kurfürst Moritz von Sachsen im Freiberger Dom.

Zwischen 1531 und 1538 hielt sich Albrecht überwiegend in seiner Lieblingsresidenz Halle auf.[31] 1531 hatte Albrecht die päpstliche Genehmigung zur Gründung einer Universität in Halle erwirkt. Sie sollte ein katholisches Gegengewicht zu der kurfürstlich-sächsischen „*Leucorea*" in Wittenberg bilden, an der Luther und Melanchthon lehrten. Südlich der Stiftskirche, auf dem Gelände des Cyriacus-Hospitals, ließ er einen vierflügeligen, nach dem Innenhof mit weitgespannten Arkaden geöffneten Gebäudekomplex errichten. Gelehrte Stiftsherren wie Crotus Rubeanus und Michael Vehe waren als Professoren vorgesehen. Da aber mehrere Kanoniker und die Mehrheit der Bevölkerung unterdessen zur Reformation abgefallen waren, mußte er den Plan aufgeben und richtete nun den Komplex als komfortables Wohnschloß mit Privatkapelle und Bibliothek ein. Die reich gestaltete Hauptfassade erhob sich nach Westen über einem Saalearm. Unter Albrechts Herrschaft gewann Halle eine in die Neuzeit weisende Gestalt, die sich in den Grundzügen bis heute erhalten hat. Durch den Zusammenschluß der Marien- und der Gertraudengemeinde wurde der Abbruch der beiden Gotteshäuser und der Neubau der Marktkirche möglich. Außerhalb der Stadtmauern wurde der Stadtgottesacker angelegt, so daß die meisten innerstädtischen Friedhöfe aufgegeben werden konnten. Die aufwendige Hofhaltung und die kostspielige Ausstattung des Stifts und der Residenzbauten überstiegen die finanziellen Möglichkeiten des Kardinals. Zunehmend mußte er Silberfiguren und Reliquiare des Heiltums verpfänden. Zahlreiche Goldschmiedewerke wurden schon in seiner Amtszeit, da er sie nicht auslösen konnte, verkauft oder gar eingeschmolzen. Einige Reliquiare übernahm sein Neffe Joachim II., Kurfürst von Brandenburg, für sein Berliner Stift, obwohl in Brandenburg die Reformation schon beinahe das ganze Land erfaßt hatte. Auf einem Landtag zu Calbe an der Saale Ende Januar 1541 mußte sich Albrecht bereitfinden, gegen den Erlaß von Schulden die freie Religionsausübung im Erzbistum Magdeburg zu gewähren. Am 9. Februar löste er das Stift auf und verließ Halle ohne Aussicht auf Wiederkehr. Die noch nicht verkauften oder verpfändeten Bestandteile des Heiltums, die kostbare Bibliothek, Gemälde, Bildteppiche und Altargerät ließ er vorher in sein südliches Kurfürstentum, nach Mainz und Aschaffenburg bringen.[32] Allerdings war ein Teil der Reliquien bereits *entkleidet*, d. h. aus ihren kostbaren Behältnissen entnommen.[33] Die Bronzeplatten und der Baldachin seines Grabmals wurden aus den Verankerungen im Chor des „Domes“ gerissen und nach Aschaffenburg gebracht, wo sie bis heute in der Stiftskirche verwahrt werden. Verbittert starb Albrecht am 24. September 1545 auf der Martinsburg in Mainz. Seine letzte Ruhestätte fand er im Mainzer Dom. In seinem Todesjahr wurde das Konzil zu Trient eröffnet, das wesentliche Reformen der katholischen Kirche einleitete.

Reliquienkult, Ablaß und Ablaßhandel

Die Verehrung von Reliquien, den stofflichen Überresten von Religionsstiftern und Heroen und deren Grabstätten war nicht nur bei den Christen, sondern auch bei den Zugehörigen anderer Religionen verbreitet. Sie läßt sich in die griechisch-römische und die orientalische Antike zurückverfolgen.[34] Schon in frühchristlicher Zeit wurden im Mittelmeerraum Heiligengräber zu Pilgerstätten, so das Menas-Heiligtum in Ägypten, die Gedächtnisstätte des Säulenheiligen Symeon in Syrien, das Grab des Evangelisten Johannes im kleinasiatischen Ephesos und das Mausoleum des hl. Demetrios im griechischen Saloniki. In Ampullen nahmen die Pilger Öl mit in ihre Heimat, das auf wunderbare Weise aus den Sarkophagen niemals versiegend getropft hätte. Solche Ampullen befinden sich bis heute in zahlreichen europäischen Kirchenschätzen. Helena, der Mutter des Kaisers Konstantin des Großen, gelang es bei einer Pilgerreise nach Jerusalem, das „wahre Kreuz Christi" aufzufinden. Partikel davon gehörten seitdem zu den wertvollsten Reliquien.

Die Hauptkirchen Roms wurden über den Gräbern von Heiligen und Aposteln errichtet. Jede Kirche hatte einen Heiligen zum Patron, von dem nach Möglichkeit Reliquien im Gotteshaus verwahrt wurden. In die Altarmensa eingemauerte Reliquien waren erforderlich, um daran die Eucharistie feiern zu können. Tafel- oder kästchenförmige Tragealtäre mit darin eingeschlossenen Reliquien erlaubten es dem Geistlichen, das hl. Abendmahl auch außerhalb der Kirche oder in Dorfkirchen zu reichen, deren Altäre keine Reliquien enthielten. Der Andachtswert von Heiligenbildern wurde durch in ihnen verwahrten Reliquien erhöht. Bei den Brustkreuzen (Pektoralkreuzen) und den Kußtäfelchen (Paxtafeln), die hohe geistliche Würdenträger den Gläubigen zum Friedenskuß reichten, versprachen die darin eingeschlossenen Reliquien eine besondere Heilswirkung. Im hohen Mittelalter wurde es üblich, die Gebeine von Heiligen aufzuteilen und dadurch die Anzahl von Primärreliquien zu vervielfachen. Einen starken Zustrom von Reliquien nach Mittel- und Westeuropa verdankte man den heimkehrenden Kreuzfahrern. Teile des Halberstädter Domschatzes gehen auf eine Stiftung des Bischofs Konrad zurück, der am 4. Kreuzzug teilgenommen hatte. Bei diesem Kreuzzug wurde die byzantinische Hauptstadt Konstantinopel 1204 erobert und geplündert.

Die Echtheit von Reliquien wurde von den Klerikern so sorgfältig wie möglich geprüft, um sich vor Fälschungen zu schützen. Letztlich wies sich – nach Überzeugung der Gläubigen – eine Reliquie selbst aus, sobald sie Wunderheilungen bewirkte.

Der Wert der Reliquie wurde durch das sie umschließende, kostbare Reliquiar hervorgehoben. Die mittelalterliche Goldschmiede- und Beinschnitzkunst wird zum weitaus überwiegenden Teil durch Reliquiare repräsentiert. Auch profane Gefäße, wie orientalische Trinkgläser oder elfenbeinerne Schmuckkästchen, konnten zur Aufbewahrung von Reliquien dienen. Die Abbildungen im Halleschen Heiltumbuch enthalten dafür mehrere Beispiele.

In der christlichen Kirche unterschied man zwischen Primär-, Sekundär- und Berührungsreliquien. Die erste Gruppe umfaßte die Gebeine oder Körperpartikel von Heiligen, die zweite deren Kleidungsstücke und persönliche Gebrauchsgegenstände. Am häufigsten vertreten und einfacher zu erwerben waren Berührungsreliquien. Es handelte sich um Gegenstände oder um Öl, die mit der Primärreliquie in Berührung gekommen waren und dadurch die Heilswirkung übernommen hatten.

Reliquienkult und Ablaßgewährung waren oft miteinander verknüpft. Einen vollen Ablaß verkündete Papst Urban II. erstmals für die Teilnehmer am Kreuzzug 1095. Der Heilige Stuhl begründete das Recht, Sündenstrafen ganz oder teilweise zu erlassen, mit dem „thesaurus ecclesiae“, dem durch den Opfertod Christi und die Leiden der Märtyrer übervollen Schatz der Kirche an guten Taten. Seit der zweiten Hälfte des 12. Jahrhunderts rückte in der Jenseitsvorstellung der Gläubigen das Fegefeuer als Läuterungsort zwischen Himmel und Hölle in den Vordergrund. Sündigen Menschen, die sonst der Verdammnis anheimgefallen wären, bot sich die Chance, nach Abbüßung der Zeit im „reinigenden Feuer“ errettet zu werden. Schließlich gehörten nach frühmittelalterlicher Anschauung in der sich herausbildenden städtischen Gesellschaft schon von Berufs wegen Händler und Kreditgeber zu den Sündern.[35]

Zeigung des Heiltums am Münster zu Aachen am 10. Juli 1664. Eng gedrängt stehen die Pilger und beobachten die Heiltumsweisung auf der Brücke zwischen Westbau und Oktogon. Kupferstiche von Wilhelm Altzenbach, Köln.

Kardinal Albrecht bei einer Prozession. Aus dem Missale Hallense (Aschaffenburger Hofbibliothek), Nürnberg 1524. Miniatur von Niklas Glockendon. Auf dem Baldachin die Wappen der Stifte Mainz, Magdeburg und Halberstadt sowie die Büsten der Heiligen Mauritius und Maria Magdalena.

Pilger zu den christlichen Gedächtnisstätten im Heiligen Land erwarben vollkommenen Ablaß. Im hohen Mittelalter wurde ein zeitlich begrenzter Ablaß auf den Besuch der Apostelgräber in Rom und die Beihilfe beim Bau von Kirchen ausgeweitet. Ablaßprediger warben für den Besuch der Pilgerorte. Auch Pilgerfahrten nach Santiago de Compostela zum Grab des Apostels Jakobus und nach Assisi zur Gedenkstätte des hl. Franziskus wurden mit Ablaß belohnt. Papst Bonifacius VIII. erklärte das Jahr 1300 erstmals zum Heiligen Jahr der Kirche, das Rompilgern einen vollen Ablaß verhieß. Jubeljahre sollten fortan nur aller einhundert Jahre stattfinden, damit der Gläubige nur einmal in seinem Leben in den Genuß dieser Gnade komme. Doch bereits Papst Clemens VI. legte 1343 die Jubeljahre ab 1350 auf einen 50-jährigen Rhythmus fest. In Deutschland waren bevorzugte Pilgerorte Trier, wo der Rock Christi gezeigt wurde, Köln mit dem Dreikönigsschrein, Aachen mit den Reliquien Marias und Karls d. Gr. und Marburg mit dem Reliquiensarg der hl. Elisabeth von Thüringen. Trotz des Widerstandes der Äbte und Mönche der Reformorden weitete sich die Gewährung von Ablaß auf andere Bereiche und Anlässe aus. Seit dem 14. Jh. konnte auch bei den jährlich oder in mehrjährigem Abstand vorgeführten Reliquienschätzen der Kirchen, den Heiltumszeigungen, Ablaß erworben werden. Auch zur Abwehr äußerer, die christliche Kirche bedrohender Feinde wurde Ablaß ausgeschrieben. So wurde unter Erzbischof Ernst von Sachsen auch in der Erzdiözese Magdeburg ein Türkenablaß angeboten.

Eine verwurzelte Volksfrömmigkeit, aber auch kirchenpolitische und ökonomische Beweggründe – z. B. der enorme Geldbedarf beim Bau der neuen Peterskirche in Rom – führten im ausge-

Ablaßbrief von Albrecht, Erbischof von Magdeburg und Mainz, für diejenigen, die zum Bau der Peterskirche in Rom beitragen. Gedrucktes Formular auf Pergament mit (herausgebrochenem) Siegel, handschriftlich ausgestellt für die *Jungfrau Zeyghun in Stolbergk* am 20. Juni 1517. (Landesarchiv Magdeburg, Außenstelle Wernigerode)

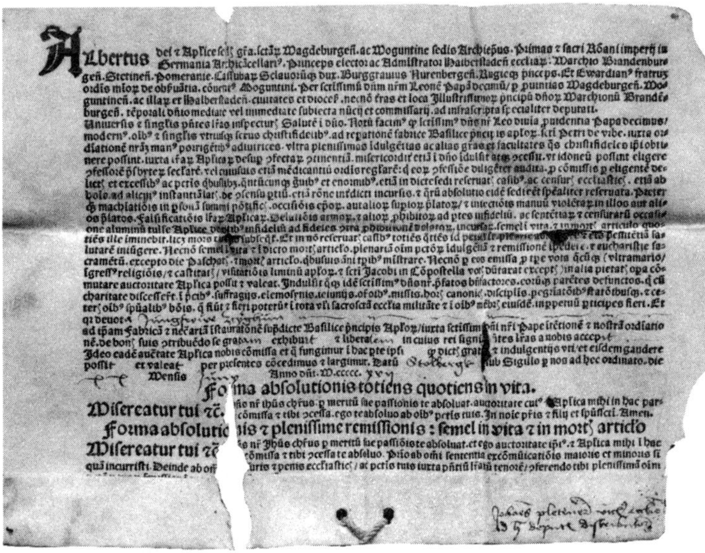
Albertus

Forma absolutionis totiens quotiens in vita.

Misereatur tui &c.

Forma absolutionis et plenissime remissionis: semel in vita et in mortis articulo

Misereatur tui &c.

henden Mittelalter und in der beginnenden Neuzeit zu einer Inflation des Ablaßangebotes. Der Ablaß wurde käuflich. Er konnte auch für Verstorbene erworben werden, denen dadurch Fegefeuerstrafen erlassen würden. Papst Julius II. verkündete 1506 einen Jubelablaß zugunsten des Peterskirchenbaues, der 1513 durch Papst Leo X. erneuert wurde. Frühkapitalistischen Gepflogenheiten folgend, verpfändete Kardinal Albrecht 1515 seinen Anteil am Erlös des Ablaßhandels an das Bankhaus Fugger in Augsburg, um damit die bei seinem Amtsantritt aufgenommene Schuld von 30 000 Dukaten und die unterdessen angefallenen Zinsen abzuzahlen.

Heiltumszeigungen waren, wie schon oben vermerkt, oft mit Ablaßgewährung verknüpft. Den Gläubigen wurde ein Ablaßbrief ausgehändigt. Die Erfindung der Buchdruckerkunst ermöglichte es, Ablaßbriefe vorzufertigen, die nur noch mit Namen und Datum ergänzt zu werden brauchten. Einer der ersten Druckaufträge (1454/55) an Johannes Gutenberg in Mainz, noch während der Arbeit am epochemachenden Bibeldruck, bezog sich auf Ablaßbriefe.

Die Preise für Ablaßbriefe waren, entsprechend einer Instruktion von Albrecht, sozial gestaffelt. Könige, Bischöfe und Fürsten hatten 25 Gulden zu bezahlen, Äbte, Grafen und deren Frauen 10, Edelleute und Rektoren 6, Bürger, Kaufleute und Handwerker 1 Gulden. Tagelöhner und Arme konnten die Forderung durch Gebet und Fasten abgelten.[36]

Die Zeigung, d. h. die öffentliche Vorführung des Reliquienschatzes einer Kirche, war meist mit einer Wallfahrt und einer Prozession verbunden. Sie fand im Mittelalter und in der frühen Neuzeit in zahlreichen Wallfahrtsorten der christlichen Welt statt. Im Deutschen Reich zogen besonders Nürnberg, Wien, Bamberg, Trier, aber auch Wittenberg die Pilger an. In Aachen stellte man die Reliquien seit 1349, dem Krönungsjahr Karls IV., aller sieben Jahre im Zusammenhang mit der Heiltumsfahrt aus. Die Krönungsstadt der deutschen Könige war dem Kardinal Albrecht gut bekannt. Im Spätherbst 1520 nahm er an der Krönung Karls V. teil, bei der auch Albrecht Dürer auf seinem Wege in die Niederlande anwesend war. Die Tradition der festlichen Zeigung der Heiligtümer hat sich in Aachen bis heute erhalten. Begleitet von hohen geistlichen und weltlichen Würdenträgern, werden der Karlsschrein und der Marienschrein in einer Prozession durch die Stadt getragen oder gefahren. Der aus dem 13. Jahrhundert stammende Marienschrein wird nach einem festgelegten Ritus geöffnet. Die in ihm verwahrten Reliquien, die Windeln Jesu, das Kleid Marias, das sie bei der Geburt des Christuskindes trug, das Lendentuch Jesu und das Enthauptungstuch Johannes des Täufers, werden entnommen und von der Turmgalerie des Münsters den auf dem Vorplatz versammelten Gläubigen gezeigt.

Im Mittelalter galt das Berühren der Reliquien als heilbringend. Pfiffige Wallfahrer versuchten mit kleinen Spiegeln einen Abglanz des Heiltums einzufangen. Von Johannes Gutenberg ist überliefert, daß er während seiner Tätigkeit in Straßburg solche Spiegel für die Wallfahrt 1439 nach Aachen herstellte.

Die Form der Reliquiare ließ oft erkennen, von welchen Körperteilen die darin verwahrten Partikel stammten. So gab es Kopf- und Armreliquiare, in denen Schädel- bzw. Armknochen verwahrt wurden. Im Spätmittelalter steigerte sich der Reliquienkult mancherorts zur Massenhysterie: Von der hl. Elisabeth von Thüringen (gest. 1231 in Marburg), die schon zu Lebzeiten wie eine Heilige verehrt wurde, wird berichtet, daß die um das Sterbelager Versammelten ihr die Kleider vom Leibe rissen und als Reliquien mit sich nahmen. Wie hoch die Elisabeth-Reliquien eingeschätzt wurden, wird z. B. daran deutlich, daß sie im Wittenberger Heiltum an hervorgehobener Stelle im ersten Gang untergebracht waren (Abb. S. 259).

Mit der Reformation wurden der Reliquienkult stark zurückgedrängt und die Heiltumszeigungen aufgegeben – zeitweise auch in den katholisch verbliebenen Ländern. Erst in der Folge der Gegenreformation und im Ergebnis des Konzils von Trient (1563) erfuhr die Reliquienverehrung in der katholischen Kirche eine Wiederbelebung.

Die Heiltumszeigung in Halle

Die Reliquien wurden 1520 noch in der Magdalenenkapelle der Moritzburg aufbewahrt, da die Umbauten für das Neue Stift am Dominikanerkloster gerade erst begonnen hatten. Der Erker an der Nordwand der Magdalenenkapelle konnte als Heiltumsstuhl genutzt werden, von dem aus man bequem und sicher die Reliquiare dem Volk weisen konnte.

Kardinal Albrecht war bei der ersten Heiltumszeigung am Sonntag nach Mariä Geburt (8. Sept.) 1520 nicht in Halle und ließ sich daher von seinen Räten über den Ablauf des Festes brieflich informieren. Der Bericht der Augenzeugen vermittelt einen lebendigen Eindruck von der Zeremonie.[37]

Die Heiltumszeigung stand unter keinem guten Stern. „... *Undt so es dan etliche tage zuvor geregnet, ungesturmig windig wetter, auch auff den tag der procession, vollst dunkel und dicker lufft gewest, hat mit der procession etwas schneller dan sunst geschehen, wie wol in guther ordnung gehen mussen, derhalben dan auch vil frombder leuthe, so gen Halle die procession zu sehen und ablaß zu verdienen gekommen und desgleichen auch viel vom Inlendischen volk in den hewssern gestanden, die procession gesehen.*“ Durch den Regen war der an die Moritzburg angrenzende Ulrichsfriedhof so verschlammt, daß die Prozession über das Nordtor die Burg verlassen mußte und durch das Ulrichstor und die Große Ulrichstraße zum Markt zog.

Angeführt wurde die Prozession in Vertretung des Kardinals durch Heinrich von Akkon, Suffraganbischof von Halberstadt. Er schritt unter einem Baldachin und trug die Monstranz. Sänger und Musikanten begleiteten ihn. Es folgten edle Herren, Stiftsangehörige, Räte und natürlich viel Volk. Die Zeremonie der Heiltumsweisung und der Gewährung von Ablaß gipfelte in einem prunkvollen Festgottesdienst.

Aus Berichten über Heiltumszeigungen in anderen Städten läßt sich ein noch farbigeres Bild des Festes zeichnen. Ort der Weisung war eine Galerie, ein Umgang oder eine Tribüne an der Kirche. Es gab auch eigens dafür errichtete „Heiltumsstühle“, meist hölzerne, zweigeschossige Bauten. Eindrucksvoll und realistisch schildert der Holzschnitt von Hans Burgkmair d. Ä. im Haller Heiltumbuch die Weisung. Eng gedrängt steht das Volk vor dem Heiltumstuhl. Kriegsknechte mit Hellebarden und Lanzen sorgen für den gebührenden Abstand der Massen zu den Heiligtümern. Auf der oberen Tribüne werden Reliquien gezeigt. Fackelträger sorgen für genügend Helligkeit. Ein junger Mönch liest aus einem Heiltumsverzeichnis vor und weist mit einem Stab auf ein Reliquiar, das ein Abt (oder Bischof) in den Händen hält. Vier weitere Äbte tragen andere Reliquiare. Der hohe Rang der Heiltumszeigung wird durch die Wappen der Päpste Alexander VI. und Julius II. in den oberen Ecken des Baldachins unterstrichen. Am Dach ist das Wappen der Stadt Hall angebracht. (Abb. S. 290)

Ablaßtage wurden über den kirchlichen Anlaß hinaus zu Volksfesten. Ihre Tradition lebt bis heute in Kirchweihfesten und Wallfahrten fort.

Widmungsblatt des Halleschen Heiltums. Holzschnitt von Lucas Cranach d. Ä. um 1514. Die Erzbischöfe Ernst von Sachsen und Albrecht von Brandenburg halten als Stifter das Modell der Magdalenenkapelle, in der das Heiltum ursprünglich untergebracht war. Hinter ihnen stehen die Apostel Thomas und Johannes. Am Himmel schwebt, von Engeln umgeben, Maria Magdalena, nach der Legende als Büßerin in der Einöde, daher unbekleidet.

Heiltumbücher

Gedruckte und illustrierte Heiltumbücher kamen mit der Verbreitung der Buchdruckerkunst in der zweiten Hälfte des 15. Jahrhunderts auf. Sie wurden den Wallfahrern und Kirchbesuchern zum Kauf angeboten. Um möglichst alle Bevölkerungsschichten mit den Werbeschriften anzusprechen, waren sie in der deutschen Volkssprache verfaßt und mit Holzschnitten illustriert. Auch des Lesens Unkundige vermochten so einen Eindruck von den Reliquienschätzen zu gewinnen.

Zwischen 1460 und 1470 erschien das Reliquienverzeichnis der „Heiltümer zu Maastricht und Aachen“ als Einblattdruck mit 19 Holzschnitten. 1473 wurde das Heiltumbuch für die Burg Andechs

Heiltumbuch von Hall in Tirol, mit Holzschnitten von Hans Burgkmair d. Ä. 1509. Darstellung der wichtigsten Reliquiartypen: Monstranz, Kreuzreliquiar, Schädelreliquie auf Kissen, Büstenreliquiare eines männlichen und einer weiblichen Heiligen. Darüber eine von Engeln emporgetragene Marienfigur, die von Gottvater und Sohn gekrönt wird.

Heiltumbuch von Hall in Tirol. Prozession zur Stiftskirche. Bischöfe und Äbte mit dem Allerheiligsten unter Baldachinen, begleitet von Musikanten, Mönchen und dem Volk.

gedruckt. Es folgten das Buch des Klosters St. Georgenberg in Tirol 1480 und die Bücher der Städte Würzburg und Nürnberg 1483. Im gleichen Jahr erschien als Holzschnitt-Bilderbogen das Augsburger Heiltumsverzeichnis. Es folgten Heiltumbücher von Bamberg (1493) und Wien (1502). Die Holzschnitte der Heiltumbücher des 15. Jahrhunderts gaben meist nur andeutungsweise die angeführten Reliquiare wieder. Oft begnügte man sich damit, die Grundtypen der Behältnisse vorzuführen: Monstranz, Reliquienkreuz, Kastenreliquiar („sarch"), Kopf- und Armreliquiar. Die gleichen Druckstöcke konnten mehrfach zur Darstellung verschiedener Objekte verwendet werden.

Zu Beginn des 16. Jahrhunderts, als sich der Humanismus und die Wertvorstellungen der Renaissance auch im mittleren Europa durchsetzten, wurden die Abbildungen realistischer. Auch beauftragte man zunehmend namhafte Künstler mit der Anfertigung der Holzschnitte.

1509 ließen der sächsische Kurfürst Friedrich der Weise und sein Bruder Johann der Beständige für die Reliquiensammlung des

Heiltumbuch von Hall in Tirol. Heiltumszeigung von einer zweigeschossigen, überdachten Tribüne, dem „Heiltumsstuhl“: Fackelträger beleuchten die Szene. Ein junger Mönch mit kräftiger Stimme, der „Schreier“, verliest die Texte zu den Reliquien, die vom Bischof oder von Äbten gewiesen werden. Landsknechte mit Hellebarden drängen die Massen der Heilsuchenden zurück.

Kollegiatstifts in der Schloßkirche zu Wittenberg ein Heiltumbuch drucken, für das Lucas Cranach d. Ä. die Holzschnitte fertigte.[38] Zwei Exemplare des Heiltumbuches haben sich auf Pergament gedruckt erhalten, dem kostbaren und technisch schwierig zu handhabenden Werkstoff. Diese Ausgaben waren für den Eigenbedarf des fürstlichen Auftraggebers bestimmt.

Gegenüber den älteren Heiltumbüchern sind wesentliche Unterschiede festzustellen. Die Abbildungen geben die Gestalt der Goldschmiedearbeiten gut erkennbar wieder. Nur mittelbar ist die Realitätsnähe auf die künstlerische Leistung Cranachs zurückzuführen. Die kurfürstlichen Auftraggeber erwarteten von dem Heiltumbuch auch eine Dokumentation ihres kostbaren Kleinkunstbesitzes. Deutlich wird dies in den Beischriften. Während in den älteren Heiltumsverzeichnissen lediglich darauf verwiesen wird, auf welche Heilige sich die Reliquien beziehen, wird nun auch das Reliquiar charakterisiert: *„Eyn Straußay mit eynem Bilde Sant Barbare"* oder *„ Ein Sylbern Arm mit einer vbergulten Handt"* beispielsweise.

Das Wittenberger Heiltum ist in den Wirren der Reformationszeit und der Glaubenskriege fast gänzlich verloren gegangen. So sind die Holzschnitte und eine Reihe von Goldschmiedezeichnungen die einzigen Bildzeugnisse über diese Kleinkunstwerke der frühen Neuzeit.

Etwa gleichzeitig bereitete der Ritter Florian Waldauf von Waldenstein für den von ihm gesammelten Reliquienschatz der Stiftskirche in Hall in Tirol ein Heiltumbuch vor. Den Text verfaßte er selbst; mit den Holzschnittillustrationen betraute er den Maler Hans Burgkmair den Älteren. In das Manuskript klebte der Ritter die Probeabzüge der Holzschnitte ein, brachte Druckervermerke an und bereitete das „Layout" für den Druck vor.[39] Weswegen das Buch trotzdem nicht gedruckt wurde, ist nicht überliefert. Der Tod des Ritters (1518) und die rasch auch nach Tirol übergreifende Reformation blieben wohl nicht ohne Wirkung.

Die Holzschnitte stellen jedoch eine Besonderheit dar, denn im einleitenden Kapitel illustriert Burgkmair die Zeremonie der Heiltumszeigung mit der Prozession, der Andacht in der Kirche und der Zeigung der Reliquien vom Heiltumsstuhl.

Die Holzschnitte und der Druck des Halleschen Heiltumbuches

Der Holzschnitt des ersten Reliquiars im fünften Gang (Bl. 47v) bildet eine Silberstatuette des Apostelfürsten Petrus ab. Am Sockel dieser Figur, zwischen den Wappen von Brandenburg und Sachsen, erkennt man das aus W und T zusammengesetzte Monogramm des Nürnberger Malers und Zeichners Wolf(gang) Traut. Da die meisten Holzschnitte des Heiltumbuches durch Stilvergleich demselben Zeichner zugewiesen werden können, ist zu schlußfolgern, daß Wolf Traut und seiner Werkstatt von Kardinal Albrecht die Illustration des Heiltumbuches übertragen worden war.[40]

Wolf Traut wurde um 1485 in Nürnberg geboren. Er war Sohn des Malers Hans Traut. Ein gleichnamiger Maler, wohl ein enger Verwandter des Vaters, nahm ihn in seine Werkstatt auf. 1505 gehörte Wolf Traut zum Schülerkreis Albrecht Dürers und war, gemeinsam mit Hans Baldung gen.Grien und Hans Schäufelein, an den Holzschnittillustrationen für Ulrich Pinders „Der beschlossen Gart“ beteiligt. Traut schuf zahlreiche Altartafeln für Kirchen in Nürnberg und Heilbronn. Er zeichnete mehrfach Entwürfe für Glasmalereien. Auch als Porträtmaler trat er hervor. Mit Dürer arbeitete Traut 1512 bis 1515 an der monumentalen Holzschnittfolge der „Ehrenpforte“ für Kaiser Maximilian I. zusammen. Zwölf historische Szenen gehen auf seine Zeichnungen zurück.

1511 und 1512 schuf er eine Holzschnittfolge zur „Legend des heyligen vatters Francisci“ nach Bonaventura, die anderen Illustratoren der Franziskuslegende als Vorbild diente.[41] Neben den Buchillustrationen haben sich aus den folgenden Jahren Einblattdrucke und Zeichnungen erhalten. Wolf Traut gehörte zu den angesehensten Nürnberger Künstlern, als er, vermutlich auf Anraten Albrecht Dürers, 1519 von Kardinal Albrecht den Auftrag erhielt, die Zeichnungen der Reliquiare des halleschen Heiltums zu schaffen. Belege für einen Vertrag zwischen dem Kardinal und dem Künstler und für dessen Aufenthalt in Halle konnten bisher nicht nachgewiesen werden.

Der Zeichenstil Trauts spiegelt den Zeitstil der Nürnberger Maler im Umkreis Dürers wider. Körperhaltung und Gesichtsform der Figuren lehnen sich an Zeichnungen und Holzschnitte des überragenden Meisters an. Charakteristisch für Trauts individuellen Zeichenstil sind enge, häufig senkrecht verlaufende Gewandfalten. Auf den landschaftlichen Hintergrund von Figurenszenen verwendet er große Sorgfalt. Erschwert wird eine stilkritische Zuschreibung mancher Holzschnitte, da es sich nicht um freie Bildfindungen, sondern um eine möglichst realistische Wiedergabe der Goldschmiedearbeiten handelt. Das Heiltumbuch war neben seiner eigentlichen Bestimmung auch ein Vorläufer moderner Kunstsammlungskataloge! Der Zeitstil der Goldschmiedearbeiten ist in den Nachzeichnungen erkennbar. Zwar sind nur wenige Reliquiare des Heiltums erhalten geblieben, doch ermöglicht ein Vergleich mit den sechs Jahre später entstandenen recht wirklichkeitsgetreuen farbigen Zeichnungen der gleichen Reliquiare im Aschaffenburger Manuskript[42], die Realitätsnähe der Holzschnitte zu überprüfen. Zu berücksichtigen ist, daß zu Beginn des 16. Jahrhunderts der Fortschritt in der Holzschnitt-Reproduktionstechnik zu einer Arbeitsteilung zwischen dem zeichnenden Künstler, dem „Reißer“, und dem Formschneider geführt hatte. Der Reißer zeichnete mit Tusche das Motiv auf eine Holztafel oder lieferte eine Zeichnung auf Papier. Der Formschneider vertiefte den Hintergrund, so daß die Zeichnung erhaben auf dem Druckstock verblieb. Dabei konnten „handschriftliche“ Eigenheiten des Formschneiders den Bildcharakter verändern. Lagen dem Formschneider nur Papierzeichnungen vor, so mußte er, um im Druck nachher seitenrichtige Abbildungen zu erlangen, die Vorlagen kontern. Bei einigen Holzschnitten des Heiltumbuches, wie z. B. bei der Statuette der Anna selbdritt mit Johannes dem Täufer (Bl. 7v), wurde das Kontern versäumt. [43]

Traut bemühte sich, bei der Zeichnung die mittelalterlichen Reliquiare „moderner“, d. h. dem Stilempfinden der Frührenaissance gemäßer erscheinen zu lassen. Besonders am Ornamentschmuck der Reliquiare und an der Form der Sockel erkennt man, daß dem Zeichner die zeitgenössische Nürnberger Goldschmiedekunst geläufig war. Schlichte Reliquiare ohne figürlichen Schmuck wurden schematisch wiedergegeben, wie z. B. das Kastenreliquiar und die Kußtafel auf Bl. 9v, die Brustkreuze auf Bl. 8v und 9r oder die Standkreuze auf Bl. 32 bis 35. Das Erasmus-Reliquiar auf Bl. 58r bestand laut Inschrift aus einem textilen Körper, der mit *„perlen und vil edlen steynen gestigckt“* war. Zu sehen ist jedoch eine Renaissance-Pfeilerarchitektur in Metallguß und Treibarbeit mit dem Relief der Marter des hl. Erasmus. Es ist zu vermuten, daß das Reliquiar zu dieser Zeit noch nicht fertiggestellt war, so daß der Zeichner eine freie Erfindung an die Stelle der realistischen Abbildung setzte. Bei dem Kastenreliquiar Bl. 66r wurden die Halbfiguren der Heiligen zu Ganzfiguren gestreckt, um das lange Reliquiar besser dem Format des hochrechteckigen Buches anzugleichen. Bei Reliquiaren, die einander ähnelten, scheute man sich nicht, den gleichen Holzstock mehrfach zu verwenden, wie z. B. auf den Blättern 81r, 111r und 112r. Die Mehrfachverwendung eines Druckstockes in der gleichen Ausgabe war bei Inkunabeln und Frühdrucken durchaus üblich.

Die Realitätsnähe des überwiegenden Teils der Holzschnitte beweist, daß Wolf Traut die Zeichnungen „nach der Natur“, also 1519 in Halle gefertigt hat. 1520 muß er wieder nach Nürnberg zurückgekehrt sein, da er dort im Sommer dieses Jahres starb. Er konnte die Arbeiten für das Heiltumbuch nicht abschließen. Einen Nachweis für diese Feststellung bietet die „Goldene Rose“, die als erster Holzschnitt im ersten Gang abgebildet ist. Albrecht erhielt sie als Geschenk des Papstes am 25. Oktober 1520, also nach dem Tode Trauts. Auch der Duktus der Zeichnung weist auf einen anderen Grafiker hin, der zudem noch einige Zeichnungen für Holzschnitte am Anfang und für die letzten Gänge des Buches fertigte.[44] Trotz dieser Einschränkungen umfaßt das Heiltumbuch die umfangreichste Holzschnittfolge, die sich von Wolf Traut erhalten hat.

Gab sich der Zeicher der Holzschnitte wenigstens durch das Monogramm in einer Abbildung zu erkennen, so ist im Druckvermerk am Schluß des Bandes nur die Stadt Halle genannt, nicht aber der Name des Druckers. Um 1520 ist in Halle noch keine Offizin nachzuweisen. Durch Vergleich der Drucklettern läßt sich der zu dieser Zeit in Leipzig ansässige Drucker Wolfgang Stöckel ermitteln. Stöckel wurde gegen 1473 im niederbayerischen Obermönchen geboren. Nach dem Studium an der Universität Erfurt trat er 1494 oder 1495 in die Druckerei des Arnold Neumarkt in Köln ein und heiratete nach dem Tode des Meisters dessen Witwe. 1497 wurde er Bürger von Leipzig und richtete hier eine Druckerei ein. Druckvermerke von ihm gibt es auch aus Eilenburg und Grimma in Sachsen. 1526 siedelte er nach Dresden über, wo er 1541 starb.[45] Von ihm sind rund 500 Drucke, darunter ca. 120 Inkunabeln, nachzuweisen. Der häufige Wohnortwechsel von Stöckel zeigt, daß es offensichtlich keine große Schwierigkeit bereitete, die Werkstatt zu verlegen. So kann Stöckel 1520 durchaus seine Druckpresse auf einen Ochsenkarren verladen haben, um das Heiltumbuch in der erzbischöflichen Residenz Halle zu drucken. Die längste Zeit seiner beruflichen Tätigkeit verbrachte Stöckel im albertinischen Sachsen, wo die Reformation erst nach dem Tode von Herzog Georg 1539 eingeführt wurde. Die Druckaufträge erhielt er vorwiegend von katholischer Seite.

Die Herstellung des Heiltumbuches muß in Zeitnot erfolgt sein. So ist zu erklären, daß bei der Signierung der Druckbögen Unregelmäßigkeiten unterlaufen sind. Bei Inkunabeln und Frühdrucken war es üblich, die erste Seite eines Druckbogens, meist rechts unten, mit Großbuchstaben zu kennzeichnen. Die folgenden Blätter des Bogens wurden zusätzlich mit römischen Ziffern versehen. Beim Heiltumbuch umfaßte ein Bogen vier Blatt, also acht Seiten. Auf Blatt 5r beginnt der zweite Bogen mit Bi. Es folgen die Blätter Bij, Biij. Das letzte Blatt des Bogens (Biiij) wurde nicht gekennzeichnet. Mit dem folgenden Blatt beginnt der Bogen C. Die Paginierung war für den Käufer wichtig, denn die Schriften wurden im 16. Jahrhundert nicht gebunden, sondern in Bögen verkauft. Der Buchbinder mußte sich beim Falzen und Binden an die Reihenfolge der Kennzeichnung halten. Beim Heiltumbuch folgen auf Lage F zwei mit B bezeichnete Blätter, also ein halber zusätzlicher Bogen. Die Bögen am Ende des Buches, z. B. bei S, T, X, umfassen 6 Blätter, sind also durch halbe Bögen erweitert worden. Vermutlich vermehrten sich Umfang des Textes und Anzahl der Abbildungen noch während des Druckes über die Planung hinaus, so daß halbe Bögen eingeschoben werden mußten. Die flüssige Sprache der Texte entsprach wohl dem zu dieser Zeit in Mitteldeutschland gesprochenen Hochdeutsch – allerdings mit niederdeutschen Anklängen. So wird das Kastenreliquiar als „sarch“ (Sarg) bezeichnet.

Mit dem Halleschen Heiltumbuch von 1520 endet die Tradition dieser Volksbuchgattung. Die Reformation (und die bald darauf einsetzende Gegenreformation) dämmte – nicht nur in den protestantischen Ländern – die prunkvollen Reliquienzeigungen und den Ablaßhandel ein.

Die Nachwirkung des Heiltumbuches

Die Heiltumbücher von Wittenberg und von Halle wurden in den protestantischen Fürstentümern schon in der Zeit des Glaubensstreites als Sachzeugen der Reformation aufgewertet. Das Deutsche Historische Museum im Zeughaus zu Berlin besitzt Drucke der beiden Heiltumbücher, die gemeinsam in einem reich mit Prägestempeln geschmückten Ledereinband aus der zweiten Hälfte des 16. Jahrhunderts gebunden sind. Der Einband stammt, nach Ausweis von Initialen, von einem Buchbinder, der für anhaltinische Fürsten arbeitete.[46] Der Band gehörte also schon bald nach der Reformation zur Bibliothek eines evangelischen Fürsten.

Zum einhundertsten Reformationsjubiläum veranlaßte der Wittenberger Theologieprofessor Wolfgang Franz (1564–1628) einen Nachdruck der Heiltumbücher. Er widmete das Buch Hedwig, der Witwe des sächsischen Kurfürsten Christian II. Im barock-weitschweifigen Titel wird das kirchenpolitische Anliegen der Veröffentlichung deutlich: *Historische Erzehlung der Beyden Heiligthümer/nemblich eines/So in der Schloszkirchen zu Wittenberg im anfang der Reformation Herrn D. LUTHERI vorhanden gewesen. Das Ander/So zu Hall in Sachsen nach der angefangenen Reformation Herrn D. LUTHERI vollkommentlicher gemacht worden. Aus welcher Historischen Erzehlung alle frommen Christen/Gelerten unnd Ungelert/Papisten und Lutheraner an fingern greiffen/Auch ihren Nachkommen hinterlegen/und denselben also zu wissen machen können/mit was für grossen Betrug unsere liebe Vorfahren/unter dem dicken Babstumb geplagt worden/Dakegen was der Ewige Gott durch die Reformation Herrn D.LUTHERI für grosse Barmhertzigkeit allen Menschen gezeigt habe.*

Überraschenderweise gelang es dem Verleger, die über einhundert Jahre alten Cranach-Originalholzstöcke des Wittenberger Heiltumbuches aufzufinden und wiederzuverwenden. Zur Bebilderung des Halleschen Heiltumbuches wurden halbwegs passende Holzschnitte des Wittenberger Heiltums nochmals verwendet oder zufällig vorhandene andere Druckstöcke eingesetzt, „*ob es wol gut*

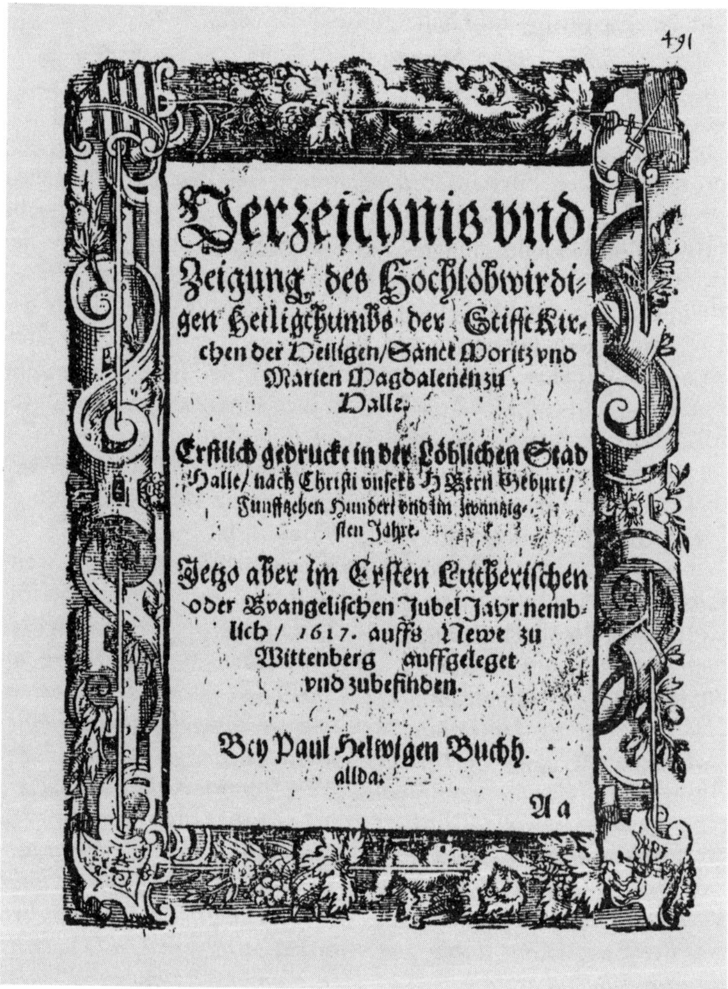

491

Verzeichnis vnd
Zeigung des Hochlobwirdi-
gen Heiligthumbs der StifftKir-
chen der Heiligen/Sanct Moritz vnd
Marien Magdalenen zu
Halle.

Erstlich gedruckt in der Löblichen Stad
Halle/ nach Christi vnsers HErrn Geburt/
Funffzehen Hundert vnd im zwantzig-
sten Jahre.

Jetzo aber im Ersten Lutherischen
oder Evangelischen Jubel Jahr nemb-
lich / 1617. auffs Newe zu
Wittenberg auffgeleget
vnd zubefinden.

Bey Paul Helwigen Buchh.
allda.

A a

Nachruck des Halleschen Heiltumbuches anläßlich des Reformationsjubiläums 1617, Wittenberg 1618, Titelblatt. (Marienbibliothek, Halle)

were gewesen/wenn wir hetten die alten Bilder in allen stücken/darzu setzen können ...", womit sich der Herausgeber Franz bei seinen *christlichen Lesern* im Vorwort entschuldigt. Im Anschluß an den Text der Heiltumbücher folgen die 95 Thesen Martin Luthers und dessen Briefwechsel mit Kardinal Albrecht von 1521.[47]

Auch in den folgenden Jahrhunderten blieb die Erinnerung an das hallesche Heiltum in der Saalestadt lebendig. Der Stadtchronist Gottfried Olearius berichtete 1667 in seiner „Halygraphia Topo Chronologica" über die Entstehung und den Ausbau des Heiltums. In der zweibändigen Chronik von Johann Christoph von Dreyhaupt (1749 und 1750) wird dem Neuen Stift und dem Heiltum der Erzbischöfe ein ausführlicher Abschnitt gewidmet.[48] Den Text des Heiltumbuches druckte er vollständig nach. Nach den Holzschnittillustrationen ließ er Kupferstiche anfertigen und zu Tafeln zusammenstellen. Zu manchen Kleinodien, z. B. zur Goldenen Rose, fügte er erläuternde Texte bei.

Seit dem 19. Jahrhundert werden das Hallesche Heiltumbuch und die in der Aschaffenburger Schloßbibliothek aufbewahrte Heiltums-Handschrift nicht nur als religionsgeschichtliches Zeugnis, sondern auch als kunstgeschichtliche Dokumentation mittelalterlichen und frühneuzeitlichen Kunsthandwerks ausgewertet. Seit dem späten 20. Jahrhundert zeichnet sich in der Forschung die Tendenz zu einer die Fachdisziplinen übergreifenden Betrachtungsweise ab, die Zusammensicht von Reliquienkult, Liturgie, Heiltumszeigungen, fürstlichem Repräsentationsbedürfnis, Volksfrömmigkeit und Handwerkskunst, eingebettet in die Geschehnisse des gährenden Umbruchs vom Mittelalter zur Neuzeit.

Anmerkungen

1 Zum Heiltumbuch von 1520 und zum halleschen Kollegiatstift sind die älteren Untersuchungen immer noch unentbehrlich: Gabriel von Térey, Cardinal Albrecht von Brandenburg und das Halle'sche Heiligthumsbuch von 1520, Strassburg 1892; Um 1526 entstand im Auftrag Kardinal Albrechts ein mit außerordentlich realistischen farbigen Zeichnungen ausgestattetes Heiltumsmanuskript. Dazu: Philipp Maria Halm und Rudolf Berliner, Das Hallesche Heiltum Man.Aschaffenb. 14, Berlin 1931; Mit einem umfassenden Beilagenapparat und mit Urkundenabdrucken ausgestattet ist die Untersuchung von Paul Redlich, Cardinal Albrecht von Brandenburg und das Neue Stift zu Halle, Mainz 1900; Ausführliche Geschichte des Stifts und Biographie der Erzbischöfe in der Chronik: Johann Christoph von Dreyhaupt, Pagus Neletici et Nudzici, oder ausführliche diplomatisch-historische Beschreibung des ... Saal-Creyses ..., Halle, Bd. 1 1749, Bd. 2 1750; Biographie der Erzbischöfe Ernst und Albrecht: Erwin Gatz (Hg.), Die Bischöfe des Hl. Römischen Reiches 1448–1648, Berlin 1996; Anläßlich des 500. Geburtstages des Kardinals Albrecht fanden in Mainz eine Ausstellung und ein internationales Symposium statt, zu denen ein Katalog und ein Protokollband erschienen: Horst Reber, Albrecht von Brandenburg, Kurfürst * Erzkanzler * Kardinal 1490–1545, Mainz 1990; Friedhelm Jürgensmeier (Hg.), Erzbischof Albrecht von Brandenburg 1490–1545, Frankfurt a. M. 1991

2 Die Inschrift lehnt sich an einen Hexameter in Vergils Äneis, 3. Buch, Vers 490, an. (Freundlicher Hinweis von Herrn Ulrich Richter)

3 Im Manuskript des Heiltumbuches in der Aschaffenburger Schloßbibliothek (Ms. 14) weist die Handzeichnung des gleichen Reliquiars das Wappen Albrechts und die Jahreszahl 1518 auf. Abb.bei Halm/Berliner wie Anm. 1, Taf. 36.

4 Bei den „Partikeln" handelte es sich oft um kleine, nur wenige Millimeter lange Splitter. Unter „ganzen Körpern" verstand man Knochenfragmente verschiedener Körperteile, also nicht zwangsläufig ganze Skelette. So befanden sich in dem von Erzbischof Ernst bei dem Goldschmied Hujuff in Halle bestellten Hausreliquiar (Bl. 95r) allein 6 „ganze Körper". Im *sarch* der hl. Margarete (96v), der erhalten geblieben ist und der in der Stiftskirche von Aschaffenburg aufbewahrt wird, befanden sich noch weitere vier „cörper".

5 Die Wurzeln der Reliquienverehrung reichen in den griechisch-römischen und jüdischen Heroen- und Prophetenkult zurück. Vergl. Anton Legner, Reliquien in Kunst und Kult, Darmstadt 1995

6 Eine ausführliche Darstellung der Ereignisse in Halle, gestützt auf zeitgenössische Quellen bei: Dreyhaupt, (wie Anm. 1) Bd. 1, 163–183. Über Erzb. Ernst gibt es, im Gegensatz zu seinem Nachfolger Albrecht, nur spärliche biographische Darstellungen. Vergl. Erwin Gatz 1996 (wie Anm. 1); Mathias Tullner,

(Hg.), Persönlichkeiten der Geschichte Sachsen-Anhalts, Halle 1998; Michael Scholz: Residenz, Hof und Verwaltung der Erzbischöfe von Magdeburg in Halle in der 1. H. des 16. Jh., Sigmaringen 1998; Heinrich L. Nickel (Hg.), Die Maria-Magdalenen-Kapelle der Moritzburg zu Halle, Halle 1999

7 Zur Baugeschichte der Moritzburg: Hans-Joachim Krause, in Jürgensmeier, 1991, (wie Anm. 1), 296–356.

8 H.-J.Krause, Zur Baugeschichte und ursprünglichen Baugestalt (S. 9–22); Irene Roch-Lemmer, Die Burgkapelle und ihre kunstgeschichtliche Stellung (S. 23–30), in: Nickel 1999 (wie Anm. 5)

9 Der Chronist Olearius nennt in seiner Halygraphia 1667 zwei (hölzerne) Emporen. Davon haben sich Konsolsteine an der W.- und N.-wand erhalten. Vergl. H.-J. Krause 1999, (in Nickel 1999, wie Anm. 5) S. 17

10 Ludwig Theobald, Das Heiltum und Ablaßbuch Degenhart Pfeffingers, in: Beiträge zur bayerischen Kirchengeschichte 32, 2. Heft, 1954, S. 49; Im Zusammenhang dargestellt bei Anton Legner, Reliquien in Kunst und Kult, Darmstadt 1995, S. 114f.

11 Reprint: Wittenberger Heiligthumsbuch illustrirt von Lucas Cranach d. Ä. = Liebhaber-Bibliothek alter Illustratoren VI, München-Leipzig 1884

12 Die Testamente in: P. Redlich, 1900, (wie Anm. 1) Beil.1; Zu den Altargemälden: H. Nickel, Die Schloßkapelle der Erzbischöfe – Die Altäre und die Ausstattung, In: Nickel 1999 (wie Anm. 5), S. 31–44)

13 Der Jurist Wilke war in den 40er Jahren des 19. Jh. Vorsitzender des Kunstvereins in Halle. Als Kunstsammler setzte er sich für den Erhalt und die Restaurierung altdeutscher Gemälde ein. Von ihm erwarb W. v. Bode für Berlin 1872 den Dreikönigsaltar. Der Sebastianaltar gelagte als Erbgut nach Wien und konnte 1924 bei einer Kunstauktion in Brüssel durch das Germanische Nationalmuseum ersteigert werden. Der Verbleib des dritten Altars, eines Christophorusaltars, ist unbekannt.

14 Neben der in Anm. 1 genannten Literatur zu Kardinal Albrecht ist unter den neueren biographischen Darstellungen hervorzuheben: Manfred von Roesgen, Kardinal Albrecht von Brandenburg. Ein Renaissancefürst auf dem Mainzer Bischofsthron, Moers 1980.

15 Vergl. Ingrid Heike Ringel, Nunquam in aliquo studio generali seu privilegiato … studuisti, Ein Studiendispens für Albrecht von Brandenburg. In: F. Jürgensmeier Hg. 1991 (wie Anm. 1), 37–48

16 Zitiert nach dem Text der Vulgata, Ps. 25,8: Domine dilexi decorem domus tuae, …

17 Redlich 1900 (wie Anm. 1). S. 274

18 Andreas Tacke: Der katholische Cranach, Mainz 1992

19 Ein wohl von Albrecht selbst verfaßter „Ordinarius" hat sich in einer Prachthandschrift in der Staatsbibliothek Bamberg erhalten: Breviarius gloriose et pre-

stantissime ecclesie Collegiate Sanctorum Mauritii et Marie Magdalene Hallis ad Sudarium. Sign. Ms. Lit. 119

20 Kerstin Merkel, Die Reliquien von Halle und Wittenberg. Ihre Heiltumsbücher und Inszenierung. In: Andreas Tacke (Hg.), Cranach-Meisterwerke auf Vorrat. Die Erlanger Handzeichnungen der Universitätsbibliothek, München 1994, 37–50

21 Hans-Joachim Krause, „Imago ascensionis" und „Himmelloch". Zum „Bild"-Gebrauch in der spätmittelalterlichen Liturgie. In: Friedrich Möbius und Ernst Schubert (Hg.), Skulptur des Mittelalters, Funktion und Gestalt. Weimar 1987, S. 280–353. Im Quellenanhang des Aufsatzes wird der betreffende Abschnitt aus dem Bamberger Breviarius veröffentlicht.

22 Halm/Berliner 1931(wie Anm. 1), Taf. 97

23 Der handgeschriebene Brief Luthers ist erhalten und befindet sich im Riksarkivet (Reichsarchiv) Stockholm. Zitiert nach H. Reber 1990 (wie Anm. 1), S. 235.

24 Briefe Luthers und Albrechts zitiert nach: D. Martin Luthers Werke, Briefwechsel Bd. 2 Nr. 442 und 448. Weimar 1931

25 In einem Brief von 1528, in dem es um den Erwerb von Reliquien aus dem Barfüßerkloster in Fritzlar geht, weist Albrecht seine Vikare an, nach der Bedeutung der Reliquien und nicht nach der Kostbarkeit der Reliquiare die Auswahl zu treffen. Staatsarchiv Würzburg, Aktenfaszikel Mainzer Regierungsarchiv, Stifte u. Klöster K 750/3035. Vergl. Joh. Bapt. Kießling, Kardinal Albrecht von Brandenburg und die Reliquiensammlung der Barfüßer zu Fritzlar. In: Festschr. Fr. Schneuder, Freiburg 1906, S. 119–123

26 Bernhard Lohse, Albrecht von Brandenburg und Luther. In: F. Jürgensmeier 1991 (wie Anm. 1), S. 73–83; Walter Delius, Die Reformationsgeschichte der Stadt Halle a. S., Berlin 1953

27 Marienbibliothek, Sign. B.1.40. Emser unterstreicht in der Einleitung sein *Copyright* und droht bei unberechtigtem Nachdruck mit hoher Geldstrafe.

28 Z. B. „Auff den Tewtschen auszug ubers Decret ..." 1530 bei Stöckel in Dresden, die sich gegen eine anonym erschienene antipäpstliche Schrift richtete.

29 Heinrich Nickel, Anmerkungen zu den Bronzegrabmalen der Vischerschen Gießhütte für Erzbischof Ernst von Sachsen und Kardinal Albrecht von Brandenburg in Magdeburg und Halle. In: Protokollband der Tagung „Bronzegrabplatten des 15. und 16. Jh." des Kunsthistorischen Instituts der Universität Poznań 1999 (in Vorbereitung).

30 Einen Eindruck von der Tumba kann das Grabmal des Grafen Hoyer von Mansfeld in der Andreaskirche zu Eisleben vermitteln, das 1541 von dem in Halle ausgebildeten Bildhauer Hans Schlegel geschaffen wurde. Die Tumba wird von Säulen flankiert, auf denen (wie ehemals in Halle) leuchtertragende Engel knien. Das

Grabmal stand ursprünglich inmitten des Kirchenschiffes – auch das eine Anlehnung an Halle.

31 Das Itinerar Albrechts in: Michael Scholz, Residenz, Hof und Verwaltung der Erzbischöfe von Magdeburg in Halle in der ersten Hälfte des 16. Jh., Sigmaringen 1998, S. 358–387

32 Die Reste des Halleschen Heiltums waren auch in der Erzdiözese Mainz nicht sicher verwahrt, wie sich in der Folgezeit herausstellen sollte. Mainz wurde während des Dreißigjährigen Krieges von den Schweden erobert, die zahlreiche Kunstschätze (darunter drei Grünewald-Altäre) über die Ostsee entführten. Starke Schäden verursachten auch die Truppen der französischen Revolution und Napoleons. So ist bis heute nur ein sehr geringer Teil der Reliquiare erhalten geblieben. Vergl.: Jörg Rasmussen, Untersuchungen zum Halleschen Heiltum des Kardinals Albrecht von Brandenburg, in: Münchner Jhrb. der bildenden Kunst 1976 u. 1977

33 Bezeichnend ist das Schicksal der von Albrecht hochgeschätzten Erasmus-Reliquien (Abb. der Reliquiare 57v und 58r). Während der französischen Revolution wurden auch die aus Halle stammenden Teile des Mainzer Domschatzes nach Aschaffenburg in Sicherheit gebracht. Von dort gelangte ein Kasten mit Reliquien 1824 in den Dom von Speyer, wo sie in der St. Afra-Kapelle beigesetzt wurden. Während der Domrestaurierung 1957–1970 öffnete man das Reliquiengrab und fand eine in rotes Tuch eingenähte Packung mit der Aufschrift: Corpus Sancti Erasmi Episcopi et Martyris. Beigelegt war den Gebeinen ein purpurgefärbtes Pergamentblatt mit silberner und goldener Schrift. Der sensationelle Fund erwies sich als das Schlußblatt des Codex Argenteus, der kostbaren, vom Beginn des 6. Jhs. stammenden Ulfilas-Bibel in Uppsala. Ein beigelegter Zettel trug die Aufschrift „Philippo Melanchthoni". Zu Beginn des 16. Jhs. befand sich die gotische Bibelhandschrift im Benediktinerkloster Werden, von wo Albrecht vermutlich das eine Blatt erhalten und dem Philologen Melanchthon zur Begutachtung übergeben hatte. Vergl. Bruno Thiebes, in: Jürgensmeier 1991 (wie Anm. 1), S. 478

34 Die umfangreiche Literatur zur Reliquienverehrung im Mittelalter erlaubt an dieser Stelle nur den Verweis auf das Standardwerk: Joseph Braun, Die Reliquiare des christlichen Kultes und ihre Entwicklung, Freiburg i. Br. 1940; und die jüngste Darstellung: Henk van Os, Der Weg zum Himmel, Reliquienverehrung im Mittelalter, Regensburg 2001.

35 Peter Jezler, Himmel, Hölle, Fegefeuer, Das Jenseits im Mittelalter, Zürich 1994; Grundlegend das 3-bändige Werk von Nikolaus Paulus, Geschichte des Ablasses im Mittelalter, 1922/23, Reprint Darmstadt 2000

36 Die Instruktion veröffentlicht in: Jakob May, Der Kurfürst, Cardinal und Erzbischof Albrecht II. von Mainz und Magdeburg, Administrator des Bisthums

Halberstadt, Markgraf von Brandenburg und seine Zeit. 2 Bde. München 1865 u. 1875, Beilage XVIII

[37] Walter Delius, Eine Urkunde zur Reformationsgeschichte der Stadt Halle. In: Ztschr. des Vereins für Kirchengeschichte der Provinz Sachsen und des Freistaates Anhalt Jg. 26, Magdeburg 1930, 159–164

[38] Nachdruck des Wittenberger Heiltumbuches: München 1884; unveränderte Nachauflage 1923; Lucas Cranach, Das Wittenberger Heiltumbuch, Unterschneidheim 1969. Vergl. auch Katharina Flügel, Das Weimarer Skizzenbuch zum Wittenberger Heiligtum. Diss. phil. (B) Leipzig 1988

[39] Josef Grabar, Das Haller Heiltumbuch mit den Unika-Holzschnitten Hans Burgkmairs des Älteren. in: Jb. der Kunsthistorischen Sammlungen des Allerhöchsten Kaiserhauses, Bd. XXVII, Heft 6, Wien-Leipzig 1915, S. 1 ff.

[40] Die erste kunstgeschichtliche Bearbeitung des Heiltumbuches erfolgte durch Gabriel von Térey 1892 (wie Anm. 1). Térey weist Traut 194 der 237 Holzschnitte zu. Er nimmt an, daß die Zeichnungen durch Traut in Halle gefertigt wurden. Zur Biographie Trauts vergl.: Meister um Albrecht Dürer, Ausst. Kat. Germ. Nat. Mus. Nürnberg 1961; Gotik und Renaissance in Nürnberg 1300–1550, Ausst. Kat. Germ. Nat. Mus. Nürnberg 1986; Germ. Nat. Mus. Nürnberg, Die Gemälde des 16. Jh., bearb. von K. Löcher, Stuttgart 1997.

[41] Wernhard Einhorn, Die Holzschnitte des Wolf Traut zur „Legend des heyligen vatters Francisci“ nach Bonaventura, Nürnberg 1512. Ihre Vorlagen und ihr Fortwirken. In: Franziskanische Studien Bd. 60, 1978 H. 1, 1–21.

[42] Aschaffenburg, Schloßbibliothek, Ms. 14 (wie Anm. 1)

[43] Wie der Vergleich mit der Zeichnung im Aschaffenburger Heiltumbuch zeigt. Halm-Berliner Taf. 19b.

[44] Nicht von Trauts Hand stammen die Zeichnungen für die Holzschnitte der Bl. 3r, 3v, 4r, 4v, 7r, 8v, 9r, 9v, 14v, 15r, 34r, 45v, 60r, 76v. Auch die schematisch gezeichneten Kastenreliquiare der Gänge 7 und 8 sind ihm nicht zuzuordnen.

[45] Josef Benzing, Die Buchdrucker des 16. und 17. Jhs. im deutschen Sprachgebiet, Wiesbaden 1982, 175 und 277

[46] Die Signatur des Bandes: R 79/724. Eine zusammenfassende Darstellung der Nachwirkung der Heiltumbücher: Heinrich L. Nickel, Zur Wirkungsgeschichte des Halleschen Heiltumbuches von 1520. In: Beiträge zur Renaissance zwischen 1520 und 1570, Materialien zur Kunst- und Kulturgeschichte in Nord- und Westdeutschland 2 (1991) 235–244.

[47] Wittenberg 1618. Das Exemplar in der Marienbibliothek Halle hat die Signatur: B III 72 Q

[48] Johann Christoph von Dreyhaupt (wie Anm. 1), Bd. 1, 847–928